O MBA DA VIDA REAL

"Um argumento sólido sobre como os negócios funcionam e como fazer parte do jogo. *O MBA da vida real* é um guia prático sobre como gerir uma empresa de forma eficiente e rentável."

– ***Kirkus Reviews***

"Jack e Suzy Welch fornecem as melhores técnicas aplicadas aos negócios, servindo como um ótimo complemento a um MBA. Eles enfatizam a realidade prática da gestão de uma empresa no ambiente globalizado de hoje."

– ***Library Journal***

"*O MBA da vida real* mostra como aprimorar o desempenho, impulsionar o crescimento, formar uma equipe de causar inveja e ter uma carreira gratificante – e ainda se divertir fazendo tudo isso."

– **Goodreads**

"Jack e Suzy Welch oferecem técnicas acessíveis cujos resultados aparecem em pouco tempo. O livro é dividido em três partes, nas quais são abordadas a organização e as operações da empresa, a formação de uma equipe e de um líder e o gerenciamento da carreira. Os autores ensinam como alinhar missão, condutas e consequências, recuperar-se de perdas e estimular o crescimento."

– ***Publishers Weekly***

"Os dois autores têm juntos 81 anos de experiência em negócios, e todos deveriam ouvir o que eles têm a dizer. Este livro demonstra o que você precisa fazer para trabalhar em equipe de maneira eficaz."

– ***Entrepeneur***

Jack Welch
e Suzy Welch

O MBA DA VIDA REAL

SEXTANTE

Título original: *The Real-Life MBA: Your No-BS Guide to Winning the Game, Building a Team, and Growing Your Career*

tradução
Fabiano Morais

preparo de originais
Flávia Midori

revisão
Luis Américo Costa, Raïtsa Leal e Rebeca Bolite

projeto gráfico e diagramação
DTPhoenix Editorial

capa
DuatDesign

foto de capa
Brad Trent

impressão e acabamento
Associação Religiosa Imprensa da Fé

CIP-BRASIL. CATALOGAÇÃO NA PUBLICAÇÃO
SINDICATO NACIONAL DOS EDITORES DE LIVROS, RJ

W471m Welch, Jack
O MBA da vida real / Jack Welch e Suzy Welch; tradução de Fabiano Morais. Rio de Janeiro: Sextante, 2016.
224 p.; 16 x 23 cm

Tradução de: The Real-Life MBA
ISBN 978-85-431-0338-9

1. Administração de empresas. 2. Liderança. 3. Planejamento estratégico. I. Morais, Fabiano. II. Título.

CDD: 658.4012
16-29574 CDU: 005.51

GMT Editores Ltda.
Rua Voluntários da Pátria, 45 – Gr. 1.404 – Botafogo
22270-000 – Rio de Janeiro – RJ
Tel.: (21) 2538-4100 – Fax: (21) 2286-9244
E-mail: atendimento@sextante.com.br
www.sextante.com.br

SUMÁRIO

Introdução 7

Parte I: O jogo 13

1 Não deixe que o trabalho se torne um martírio 15

2 Levando uma rasteira – e dando a volta por cima 35

3 Crescimento é fundamental 53

4 Globalização: um assunto complicado 71

5 Perca o medo das finanças 85

6 Mais marketing 99

7 Gerenciamento de crises: bem-vindo ao Coliseu 119

Parte II: A equipe 127

8 Liderança 2.0 129

9 Montando uma equipe campeã 145

10 Gênios, desgarrados e ladrões 159

Parte III: Você 175

11 O que devo fazer da minha vida? 177

12 Saindo da inércia 193

13 Só acaba quando termina 209

Agradecimentos 219

Introdução

Olá e parabéns. Parabéns pela sua descoberta.

Não, não estamos lhe dando parabéns por você ter comprado este livro, embora estejamos muito felizes por isso.

Na verdade, estamos dando parabéns porque você descobriu que ninguém deveria fazer negócios sozinho.

Os negócios são o maior esporte de equipe que existe. Não faz diferença se a sua empresa tem 5.500 ou 150 mil funcionários. Não importa se é uma metalúrgica no interior do estado ou uma startup de informática em Palo Alto. Não importa se este é o seu terceiro dia de trabalho num cubículo sem janelas bem longe de onde as coisas acontecem ou se você é um gerente que ocupa uma sala enorme do 45º andar com vista privilegiada.

No mundo das empresas e dos negócios não existe "eu", apenas "nós". Existe a mentalidade de "vou aceitar todos os conselhos, ideias e ajuda que puder conseguir".

E é por isso que estamos parabenizando você. Se está lendo *O MBA da vida real*, imaginamos que concorde conosco. Quando o assunto são negócios, nunca paramos de aprender. As empresas são amplas demais, multifacetadas demais, dependentes demais da tecnologia e do trabalho humano, globais demais, locais demais, *tudo* demais para que possamos um dia dizer: "Já estou careca de saber isso."

Ora, ainda estamos aprendendo, e, cá entre nós, se somarmos nossos anos de experiência, estamos nesse meio há 81 anos, sendo que os últimos 10 foram os que mais abriram as nossas mentes.

Sim, aprendemos muito mais nos últimos 10 anos, e você sabe por quê? Depois do nosso último livro, *Paixão por vencer*, publicado em 2005, botamos o pé na estrada e demos início a uma década de palestras, workshops e consultorias, o que nos permitiu sondar o funcionamento das empresas e observá-las enfrentando seus próprios e fascinantes desafios de mercado e gerenciamento. Trabalhamos com um empresário na China que estava montando uma companhia para fazer a ponte entre empresas estrangeiras e produtores locais; com uma família, dona de uma vinícola no Chile, que estava transferindo a liderança para terceiros; com um empreendimento do setor aeroespacial em Phoenix, nos Estados Unidos, que queria descobrir quando e como abrir o capital.

Experiências como essas foram fundamentais para conhecermos os pormenores dos desafios e das oportunidades de negócios no mundo de hoje. Ao mesmo tempo, em nossas palestras, principalmente durante as sessões de perguntas e respostas, temos a chance de ouvir o que estão pensando – e o que mais preocupa – homens e mulheres de negócios. Some-se a isso o trabalho de consultoria a CEOs que Jack vem fazendo desde 2002 no segmento de *private equity*, no qual avalia e orienta companhias de setores que vão desde serviços de saúde e tratamento de água até sites de relacionamento, ajudando-as a crescer.

Foi nesse mesmo período que lançamos o nosso próprio MBA on-line – o Jack Welch Management Institute, na Strayer University –, que atualmente conta com 900 alunos. As ricas e variadas experiências profissionais dos alunos ampliaram, aprofundaram e renovaram a nossa compreensão do mundo empresarial.

Assim, se já tínhamos algum conhecimento sobre negócios quando escrevemos *Paixão por vencer*, agora sabemos muito mais. Porque os negócios mudaram, e tivemos sorte de estar no centro dessa mudança. É claro que isso não significa que o que aprendemos na última década exclui os princípios e as práticas apresentadas naquele livro, pelo contrário. O que aprendemos desde 2005 expandiu, atualizou e fortaleceu todos eles – em alguns casos apenas um pouco; em outros, radicalmente.

E, de fato, estamos vivendo num mundo radical. Um mundo *empolgante*. De certa forma, não há dúvida de que fazer negócios nunca foi tão desafiador. Isso é inegável. A economia, por exemplo, não está crescendo como antes – para dizer o mínimo: os governos intervêm mais; a competição global está mais agressiva a cada trimestre; e a tecnologia obriga a que tudo avance cada vez mais rápido.

Ao mesmo tempo, vivemos numa era de inovações fascinantes. Não apenas em termos de resultados e processos de produção, que parecem ser aprimorados a cada piscar de olhos, mas quanto ao modo de trabalhar das empresas atuais. Em 1925, o presidente americano Calvin Coolidge disse a famosa frase: "O principal negócio dos Estados Unidos são os negócios." Hoje, quase um século depois, poderíamos modificar um pouco a citação: "O principal negócio do *planeta* são os negócios." Todas as pessoas, em todos os lugares, estão fazendo algo, vendendo algo, criando algo, construindo algo. Esta é a era do eterno empreendedorismo, pessoal e profissional, em organizações pequenas ou grandes, em economias velhas ou novas.

Você pode parar de se atualizar. Aliás, pode até parar de aprender. Mas faça isso por sua própria conta e risco. Existe um caminho bem melhor. Receba de braços abertos o aprendizado, aceite-o e veja o que acontece com a sua empresa, com a sua equipe e até com a sua carreira. Entusiasmo. Crescimento. Sucesso.

Esperamos que este livro desempenhe um papel nessa aceitação. Talvez você possa utilizá-lo para complementar o MBA que está fazendo. Mas ele é mais abrangente do que isso, sendo indicado para qualquer pessoa que busca um guia simples, prático e direto sobre as grandes ideias e técnicas que um MBA fornece.

Por exemplo, é possível que você já tenha se formado em administração, mas esteja se sentindo desatualizado. Ou que, neste momento específico, precise entender mais sobre negócios. Talvez esteja começando no primeiro emprego. Ou tenha acabado de ser promovido para um cargo de chefia. Ou talvez seja seu primeiro dia como CEO da sua própria startup.

Em outras palavras, este livro é recomendado para qualquer pessoa que não queira fazer negócios sozinha.

Então *O MBA da vida real* tem *tudo* que você precisa saber sobre negócios? É claro que não. Desejamos que aprenda de todas as maneiras possíveis: com colegas, chefes, programas de TV, sites, jornais, conferências, podcasts e, sim, outros livros. Encontre especialistas da sua área em quem confia e siga os conselhos deles. Encontre especialistas dos quais você discorda e abra a mente para ouvir o que eles também têm a dizer.

Não é nossa intenção fazer de você um expert. Nosso objetivo é sistematizar o negócio de fazer negócios nos dias de hoje, oferecer um modelo para que você compreenda tudo isso e quais são as regras do jogo, independentemente da área em que se encontre ou pretenda entrar um dia.

Por isso, a primeira parte deste livro se chama "O jogo" e é composta de capítulos que exploram a maneira como as empresas devem se organizar e operar para vencer no mercado. Ensina como elas devem, por exemplo, transmitir a missão e os valores para seus funcionários, criar uma estratégia que não fique ultrapassada com o tempo, dar a volta por cima depois de uma rasteira da concorrência, estimular o crescimento num ambiente desfavorável e incentivar as boas ideias – não só entre os "cabeças" do setor de pesquisa e desenvolvimento, mas na empresa inteira.

Na primeira parte também analisamos como pensar sobre marketing e finanças, dois temas que geram bastante controvérsia e uma grande dose de ansiedade – o que certamente não deveria acontecer. Além disso, falamos sobre como lidar com uma crise.

A segunda parte se chama "A equipe". Ela contém o nosso novo modelo de liderança, que consiste em apenas dois fundamentos extremamente necessários, porém difíceis de implementar. Esse método provou que é capaz de revolucionar as empresas que o adotam.

Também nessa seção descrevemos tudo que você precisa para montar uma equipe campeã, cobrindo temas como contratação, motivação, capacitação e retenção dos melhores funcionários. Com exemplos reais, o último capítulo analisa como gerenciar e trabalhar com "gênios" – pessoas cujo trabalho você não domina –, um fenômeno em expansão neste mundo cada vez mais tomado não só pela tecnologia, mas por altos níveis de inteligência e especialização.

Examinamos ainda como gerenciar os funcionários que atuam num local diferente. Cerca de 20% dos profissionais trabalham remotamente, e esse número vem crescendo bastante. Como isso não garante produtividade, analisamos as práticas que podem ajudar nesse sentido.

Fechamos o livro com "Você", uma seção que se concentra na administração da sua carreira. Um dos capítulos o ajudará a responder à seguinte pergunta: "O que devo fazer da minha vida?" Outro analisa a melhor forma de sair da inércia e o último explora suas possibilidades quando chegar ao fim da carreira. Não se surpreenda quando perceber que nossa resposta não tem nada a ver com aposentadoria.

Sabemos que gerenciar carreiras não costuma fazer parte dos programas de MBA. Entretanto, de forma geral, escrevemos este livro para refletir sobre o que as pessoas de negócios andam pensando e falando e com que estão se preocupando. Sobre o que as faz perder o sono. E sobre o que as motiva a sair da cama pela manhã.

Vamos fazer negócios com mais inteligência, da maneira certa, de um jeito divertido. Fazer negócios para que eles cresçam e melhorem a vida dos outros.

Afinal, como já dissemos, os negócios são um esporte de equipe.

Obrigado por nos colocar na sua.

Parte I

O jogo

1

Não deixe que o trabalho se torne um martírio

Alguns anos atrás, fizemos uma viagem para Las Vegas. Não, não queríamos tentar a sorte nos cassinos. Fomos a Las Vegas para dar uma palestra no Conselho Internacional de Shopping Centers, que conta com 60 mil membros.

A palestra aconteceria pela manhã, então decidimos chegar na noite anterior. Um cantor famoso estava na cidade, e nós, como bons turistas, compramos ingressos para a apresentação decididos a aproveitar a noite livre. Então lá fomos nós: um muito empolgado, outro muito disposto a agradar.

O show contava com uma produção fantástica: orquestra com 50 integrantes, máquinas de fumaça colorida, mudanças de figurino. Apesar de tudo isso, em menos de uma hora de espetáculo um de nós estava caindo de sono.

Quando foi sacudido para acordar, Jack falou exatamente isto:

– *Estamos ganhando?*

Essas duas palavras definem uma pessoa que adora esportes... e negócios.

Os dois são bem parecidos, concorda? São intensos e muito divertidos. Apresentam dificuldades e exigem velocidade. Envolvem estratégia, trabalho em equipe, várias nuances e surpresas.

E, tanto nos esportes quanto nos negócios, os jogadores entram para ganhar.

Um gerente de marca sua a camisa com a equipe pensando em como posicionar um produto recém-lançado que pode alavancar as vendas. Três amigos de faculdade abandonam Wall Street para abrir uma cervejaria artesanal ou criar um novo aplicativo. Um empresário acorda certa manhã com uma excelente ideia de como aumentar a produtividade da fábrica. Um executivo de RH entrevista seis candidatos para uma vaga que deveria ter sido preenchida três semanas atrás.

As pessoas trabalham o dia inteiro, todos os dias, tentando melhorar sua empresa e sua vida. Tentando ajudar sua família, seus funcionários e colegas, seus clientes e as comunidades em que estão inseridas. E, ao trabalhar, dão sentido à própria vida. Não todo o sentido, é claro. A vida é mais do que trabalho. Mas o trabalho pode, sim, lhe oferecer um propósito.

É por isso que é terrível quando companhias ou equipes estão presas a situações de conflito que não têm importância nenhuma. São cenários que não trazem avanço ou crescimento, nenhuma vitória. Nem mesmo a possibilidade disso.

Isso não é competir. Isso não é divertido. Isso não é fazer negócios.

É um verdadeiro martírio.

Esse tipo de dinâmica, no entanto, é muito comum. Como já mencionamos, desde 2001 conversamos com cerca de 1 milhão de pessoas em todo o mundo, normalmente em sessões de perguntas e respostas. Elas vinham de empresas grandes e pequenas, novas e antigas, de diversos setores. Eram empresários, executivos, alunos de MBA, empreendedores individuais, etc. Em cada uma das sessões, os participantes sempre perguntavam algo como "Por que é tão difícil colocar todo mundo para trabalhar em harmonia?" ou descreviam uma situação na qual as pessoas pareciam não jogar na mesma equipe, o que ficava bem claro ao se observar os resultados. Outra prova:

cerca de um terço dos nossos quase mil alunos de MBA – a maioria na casa dos 30 ou 40 anos e ocupando cargos de gerência em empresas médias – afirmou ter chegado pelo menos uma vez a um impasse no trabalho.

É um cenário preocupante, mas esse dilema não só tem solução como também pode ser evitado.

Você só precisa de sintonia e liderança. As duas coisas são igualmente importantes; na verdade, poderíamos até dizer que uma não pode existir sem a outra.

E não há melhor maneira de começar o livro do que analisando ambas a fundo.

VALORES ALINHADOS O TEMPO TODO

A importância do alinhamento não é nenhuma novidade. O conceito faz parte do planejamento de muitos gerentes e é enaltecido por diversos gurus, mestres, especialistas e consultores. O problema é que, ao longo do tempo, a aplicação contínua do alinhamento (e a disciplina para isso) acaba sendo negligenciada. Ou seja, o trabalho – aquela lista interminável de afazeres – impede que isso aconteça.

É compreensível. Muitas vezes sentimos que devemos dar prioridade ao trabalho, ainda mais no cenário econômico inóspito de hoje. Um cliente insatisfeito, um funcionário precisando de orientação, a nova tecnologia lançada pelo concorrente, o relações-públicas fazendo besteira no Twitter. Tudo isso pode acontecer, inclusive *no mesmo dia*. A questão é que, para sair do sufoco, o alinhamento deve vir antes, durante e depois do "trabalho". Deve ocorrer o tempo todo. Deve ser parte indissociável da rotina.

Isso nos leva à seguinte pergunta: *o que* exatamente deve estar alinhado?

A resposta é: a *missão*, a *conduta* e as *consequências*.

A *missão* determina o propósito da empresa – para onde ela está indo e por quê, e o que isso vai significar para a vida de cada funcionário.

A *conduta* se refere ao modo como os funcionários devem se comportar, se comunicar e agir para que a missão seja colocada em prática.

Entendemos *consequências* como possíveis promoções e bônus, dependendo de quanto os funcionários abraçam e promovem a missão e demonstram a conduta esperada.

Esses elementos talvez pareçam óbvios. Mas talvez não. Como comentamos, o verdadeiro alinhamento é algo raro de se ver.

Seja como for, podemos garantir uma coisa: quando existe alinhamento, você para de andar em círculos. Você faz progressos – e, quando isso acontece, o trabalho deixa de ser um martírio.

O ALINHAMENTO EM AÇÃO

Histórias sobre o poder transformador do alinhamento estratégico sem dúvida podem ser encontradas em qualquer setor, mas nenhum oferece uma variedade tão rica de exemplos quanto o de *private equity* (PE). Pense um pouco. Qualquer negócio interessante para uma empresa de fundos de PE encontra-se, quase por definição, subvalorizado. Ele pode estar sofrendo por causa de má liderança ou enfrentando mudanças no mercado; pode ser um negócio familiar em que não há herdeiros; pode ser uma divisão corporativa que foi negligenciada ou abandonada por sua bem-sucedida controladora. De uma forma ou de outra, a organização passa por maus bocados.

É claro que em alguns casos as empresas de PE têm sorte, encontram uma joia escondida, dão uma boa polida nela e saem da jogada com uma grande margem de lucro, ou então compram um caso de sucesso de outra empresa de PE, que precisa vendê-lo para satisfazer as expectativas financeiras dos seus investidores. Ambos os casos, porém, são raros. Na maior parte das vezes, empresas de PE adquirem negócios que estão passando por dificuldades e se dedicam a encontrar bons líderes. Portanto, quase invariavelmente, o primeiro e mais importante trabalho delas é estabelecer o alinhamento.

Veja o caso do conglomerado holandês VNU.

Em 2006, o grupo VNU fechava uma década de resultados satisfatórios, embora não espetaculares. Em sua carta anual, o CEO Rob van der Bergh disse que estava contente com a companhia e descreveu o grupo VNU – proprietário da revista *Hollywood Reporter* e da empresa de pesquisa de mercado Nielsen, entre outros negócios – como "saudável". O setor de PE, no entanto, viu uma oportunidade ali: um consórcio de seis firmas entrou em campo e comprou o grupo holandês por 12 bilhões de dólares, contratando como CEO o experiente líder empresarial David Calhoun.

Com uma carreira brilhante que lhe rendeu a vice-presidência da General Electric aos 45 anos, Dave já havia administrado grandes organizações e, mesmo assim, nada o havia preparado para a bagunça de marcas e produtos que de repente ficou sob seu comando. "Quando cheguei, a missão era 'Somos líderes em inteligência de mercado'", lembra Dave. "Aquilo soava muito bem, mas na prática significava: cada um faz o que bem entender na sua área. Não havia nenhum senso de propósito global."

Dave e sua equipe se empenharam imediatamente em mudar a situação. Eles abandonaram o nome VNU, batizaram a nova organização de Nielsen e deixaram claro que a nova Nielsen existia por uma única razão: avaliar aquilo a que os consumidores assistiam e o que compravam. Ela se especializaria em decifrar os hábitos de espectadores e consumidores do mundo inteiro.

Empolgante, não?

As melhores missões são assim: ambiciosas, inspiradoras e factíveis.

Ambiciosas no sentido de: "Caramba, que incrível! Adoro a ideia de tentarmos chegar tão longe."

Inspiradoras no sentido de: "Excelente! Estou certo de que podemos conseguir se nos esforçarmos."

Factíveis no sentido de: "Ok, me parece razoável. Vou trabalhar com a minha equipe com esse propósito em mente."

Mas o mais importante é o seguinte: uma boa missão permite que cada funcionário perceba sua participação nela. Novamente a Nielsen acertou na mosca: sua missão promete crescimento – na oferta de produtos e serviços e no alcance global – e todas as oportunidades profissionais que vêm junto.

Outro exemplo rápido e esclarecedor de como elaborar uma missão foi o que aconteceu com a Nalco, líder mundial em tecnologias e serviços de água, higiene e energia, comprada por investidores em 2007. No ano seguinte, os novos donos contrataram o CEO Erik Fyrwald, que herdou 12 mil funcionários, uma receita de 4 bilhões de dólares, um ótimo fluxo de caixa, um crescimento irrisório e uma missão pouco motivadora.

Erik passou os primeiros 90 dias visitando as unidades comerciais da Nalco e seus clientes, buscando um produto matador que pudesse catalisar a mudança e obter uma vantagem competitiva. Para sua surpresa e felicidade, encontrou isso num produto que a Nalco desenvolvera seis anos antes – um sistema de otimização da qualidade do uso da água chamado 3D TRASAR. Cerca de 4 mil unidades já tinham sido comercializadas, e Erik logo descobriu que os clientes adoravam o produto e ficavam entusiasmados com a quantidade de água que o sistema economizava, evitando que tivessem que pagar multas para a Agência de Proteção Ambiental dos Estados Unidos.

Erik levou a notícia para sua equipe de líderes, que, motivados pela promessa do 3D TRASAR, decidiram estabelecer a meta de vender 20 mil unidades em dois anos. Essa atitude injetou um novo ânimo nos funcionários. O departamento de pesquisa e desenvolvimento se concentrou em aprimorar os atributos do produto, criando 26 patentes para atender às necessidades dos consumidores e retardar o desenvolvimento de itens similares por parte da concorrência. A equipe de vendas introduziu novos treinamentos, metas e incentivos. Simultaneamente, uma nova central de atendimento aos clientes do 3D TRASAR foi inaugurada na Índia, com uma equipe de 40 "doutores em água" – engenheiros cuja função era monitorar o funcionamento dos produtos em todo o mundo, detectando e resolvendo problemas antes mesmo que os consumidores os notassem.

Assim nasceu a nova missão da Nalco: "Fornecemos água limpa para que os clientes se tornem economicamente mais bem-sucedidos e o mundo, ambientalmente mais sustentável."

Se a missão fez a empresa atingir a meta de 20 mil unidades comercializadas em dois anos? Pode apostar que sim. "As pessoas passaram a saber qual era o propósito do trabalho que faziam", disse Erik. "Sentiam-se entusiasmadas por ajudar os consumidores a obter sucesso e, ao mesmo tempo, salvar o mundo. Vislumbravam um futuro para si mesmas. Você nem imagina quantas ideias brilhantes começaram a surgir."

Esta é a beleza de uma boa missão: levar entusiasmo e foco a todos os envolvidos.

E é nesse momento que a conduta começa a ser importante – e muito. Se a missão de uma empresa é seu *destino final*, a conduta é seu *meio de transporte*, ou seja, a forma de chegar lá.

Todos sabemos o que acontece quando as duas coisas *não* estão alinhadas, certo? Uma empresa tem como missão o foco nos clientes, por exemplo, mas seus funcionários odeiam ter que lidar com eles. Ok, talvez não odeiem de verdade, apenas fiquem ressentidos por eles atrapalharem outra coisa que estavam fazendo e, com isso, não conseguirem chegar cedo em casa. Outra empresa pode ter como missão lançar seus produtos rapidamente, mas seus gerentes têm, por assim dizer, alta tolerância com a burocracia. Ou a missão é alcançar determinada meta de inovação, mas quem está no comando rebaixa ou demite qualquer pessoa que fracassa ao se arriscar.

Isso não é nada bom.

Bom mesmo é quando missão e conduta estão perfeitamente alinhados. Em uma empresa cuja missão pede que o foco seja o cliente, os funcionários devem transpirar empatia e se sentir pessoalmente responsáveis caso recebam alguma reclamação. Têm que experimentar cada produto para garantir seu funcionamento. E dar o número do celular para o cliente poder entrar em contato após o expediente.

Tudo bem, estamos exagerando, mas você entendeu a questão. A missão e a conduta precisam ser dois elos de uma mesma corrente.

Agora talvez você esteja se perguntando por que insistimos em usar a palavra "conduta" em vez de "valores". O problema é que "valores" pode ter um significado ambíguo, além de ser uma palavra muito abstrata. As pessoas costumam relacioná-la a política ou cultura, da mesma forma que a relacionam a "valores familiares".

Não é o caso aqui.

Estamos falando sobre como as pessoas *se comportam* no trabalho e sobre como essa *conduta* possibilita que a missão da empresa seja cumprida.

Então, voltando ao assunto, só estamos falando sobre conduta no ambiente de trabalho, porque os líderes precisam deixar muito claro qual é o tipo de conduta necessário para que a missão da empresa seja colocada em prática.

Vamos retomar a história da Nielsen. Assim que Dave Calhoun anunciou a nova missão da empresa, também informou quais eram as três condutas que fariam com que ela se concretizasse. A primeira era a receptividade. Foi desafiador, para dizer o mínimo. "As pessoas pensavam em nós como uma empresa de pesquisa de mercado", explica ele. "E quem são os mais bem-sucedidos numa empresa desse tipo? Pessoas muito inteligentes que desenvolvem algoritmos perfeitos e não os compartilham com ninguém, por medo de serem roubados. Mas, se quiséssemos dominar tudo que dizia respeito ao universo do consumidor, precisaríamos de pessoas que estivessem abertas a receber dados de toda e qualquer fonte e a trabalhar com qualquer pessoa, não apenas com quem entendesse de algoritmos."

A segunda conduta era a paixão pela integração. Dave acreditava que o crescimento da Nielsen dependia da *paixão* que seus funcionários tinham pelo processo de mesclar, combinar e sintetizar pesquisas de mercado. O crescimento também dependia da capacidade de a Nielsen decifrar toda essa informação para os seus clientes, de modo que a terceira conduta identificada foi a simplicidade.

"O mundo digital nos deixa sobrecarregados. Todo esse volume de dados pode facilmente soterrá-lo", explica Dave. Fica mais difícil chegar a um consenso sobre qual caminho seguir, o que só complica ainda mais a situação para todos. "Se pudermos recomendar algo a um cliente de uma forma simples e fácil de entender, e com convicção, sempre sairemos vitoriosos." (Com certeza: durante os seis anos em que Calhoun foi CEO da empresa, o valor de mercado da Nielsen triplicou.)

Erik Fyrwald e sua equipe na Nalco também estabeleceram, de forma semelhante, as condutas necessárias para colocar em prática a nova missão da empresa. A primeira foi a paixão inabalável pela preservação da água. Não uma paixão do tipo "Ah, isso seria bem legal", mas do tipo "Você sabe qual é o meu trabalho? Salvar o mundo evitando o desperdício de água!". Nas palavras de Erik: "Queríamos que as pessoas ficassem verdadeiramente entusiasmadas quando ligassem seus computadores pela manhã e vissem seus hidrômetros." Ele se referia aos hidrômetros disponíveis na intranet da Nalco, que mostravam ininterruptamente quanta água a empresa economizava no total e por cliente.

A segunda conduta foi a busca incessante por crescimento. E não um crescimento de apenas um dígito. A missão da Nalco, conforme determinou Erik, clamava por viciados em crescimento, pessoas que viam oportunidades em clientes antes considerados inalcançáveis e em mercados que afugentavam os concorrentes.

Em 2009, quando a maioria das outras empresas do setor abandonava a China por medo da desaceleração econômica, Dave nomeou um líder forte, capaz de fazer os negócios crescerem, para o comando do mercado asiático. Ele transferiu a sede da companhia de Cingapura para Xangai e ainda construiu uma área de treinamento para clientes e funcionários, um centro de tecnologia e escritórios para o setor de marketing e vendas. O número de empregados subiu de 200 para 800 e, com a equipe comprometida com a missão, a Nalco pôde recrutar candidatos extraordinários – engenheiros chineses que procuravam alternativas para reduzir os danos ao meio ambiente através do tratamento da água e do aumento da produtividade nas indústrias pesadas.

Ao mesmo tempo, a Nalco liberou sua unidade de petróleo e gás para perseguir de forma agressiva o crescimento global na área de compostos químicos relacionados à água. (Para extrair um barril de petróleo também é preciso separar, limpar e devolver ao meio ambiente quatro barris de água.)

A empresa logo expandiu seus negócios com clientes que faziam perfurações em águas profundas no golfo do México e também criou novos e produtivos relacionamentos com empresas mais distantes, localizadas na Sibéria Ocidental, no Cazaquistão, no Azerbaijão, na Nigéria, em Angola e na Malásia, por exemplo. "Nosso líder do setor de petróleo e gás era um exemplo incrível de empreendedorismo e busca pelo crescimento", observou Erik. "Então ele estimulou a equipe a seguir pelo mesmo caminho."

O exemplo dele, e de muitos outros entusiastas desse modo de fazer negócios, acabou rendendo frutos: um ano depois de entrar no mercado chinês, a receita e os lucros da Nalco já cresciam na ordem dos dois dígitos.

CONSEQUÊNCIAS: DA TEORIA À PRÁTICA

Com a missão e as condutas estabelecidas, a peça que falta para alcançar o alinhamento são as "consequências". Talvez o termo soe como uma punição, mas não é o caso. As consequências podem ser negativas, é claro, na forma de rebaixamentos e demissões. Porém normalmente vêm com aumentos e bônus. De uma forma ou de outra, nosso argumento não muda. Você pode fazer mil discursos sobre missão e conduta, mas, se não houver mecanismos que reforcem esses conceitos, ninguém vai lhe dar ouvidos.

A consequência mais *negativa* definitivamente é a demissão, recurso que os líderes costumam evitar. No entanto, se o funcionário não tem afinidade com a missão e a conduta da empresa, a dispensa acaba se tornando inevitável e melhor para ambas as partes.

Dave Calhoun, por exemplo, precisou demitir um integrante muito popular da velha guarda do grupo holandês VNU que não acreditava que o conglomerado deveria ou poderia passar pelo processo de integração. É claro que ele não gostou de fazer isso, mas transformou a saída do gerente num momento de aprendizado. Em vez de dizer que tal funcionário se aposentou por motivos particulares, Calhoun abordou o assunto publicamente durante a reunião anual da Nielsen. "Eu precisava deixar claro quais condutas eram inaceitáveis e quais eram recompensadas", disse ele.

Erik Fyrwald também teve que lidar com a resistência de funcionários ao explicar a correlação entre a nova missão e as condutas esperadas na Nalco. "Já tentaram isso antes e não funcionou" era a frase que ele mais ouvia. No caso da Nalco, mais da metade dos 100 líderes nos cargos mais altos foram dispensados e substituídos por profissionais de dentro e de fora da empresa. Como aconteceu com Dave Calhoun, essa não foi exatamente a melhor parte do processo para Erik, mas um treinador não pode parar no meio do jogo para implorar a adesão dos que estão contra ele.

Portanto, quando queremos deixar claro quais condutas são importantes, uma mudança no quadro de funcionários fala mais alto do que centenas de discursos.

É claro que mudanças no organograma também podem ser uma forma totalmente positiva de consequência dentro do processo de alinhamento. Promover alguém que não hesita em colocar em prática a missão e as condutas desejadas é uma mensagem fortíssima, bem como um jeito de encorajar o restante da empresa. O recado também é dado quando alguém recebe um bônus acima da média. O dinheiro, como você deve saber, costuma ser bastante convincente.

Quase sempre, porém, a parte das consequências no processo de alinhamento pode ser resolvida simplesmente com duas coisas: uma boa avaliação de desempenho e um bom sistema de recompensas. Esse sistema não tem que ser complicado ou caro. Deve apenas garantir que inclua cada um de seus funcionários com a maior frequência possível – no mínimo duas vezes por ano – por meio de uma conversa franca com o gestor para que recebam feedback e orientação da seguinte forma:

Neste ponto, você está nos ajudando a concretizar nossa missão, mas neste outro aqui você ainda pode melhorar.

Neste ponto, você está demonstrando o tipo de conduta de que precisamos, mas neste outro aqui você ainda pode melhorar.

E, por fim:

Agora veja como essas coisas que acabei de mencionar se refletem no seu salário, no seu bônus e no seu futuro na empresa.

Pronto. Isso basta para dar conta das consequências no processo de alinhamento. Não é tão difícil, é?

Não muito, mas você sabe como isso é raro na vida real. Com sorte, algo entre 10% e 20% dos participantes das nossas palestras levantam a mão quando perguntamos: "Quantos de vocês sabem como estão se saindo em suas empresas?"

Muitos jovens de 20 e poucos anos que trabalham em empresas respeitadas não sabem o que é receber os resultados de uma avaliação de desempenho. Um dos nossos filhos notou um aumento generoso no contracheque e perguntou ao chefe o porquê. "Mérito", foi a resposta.

É triste ver tantas oportunidades jogadas fora, oportunidades que estão ali, apenas esperando para serem aproveitadas e transformadas em sucesso. Explique a missão com clareza, indique a conduta adequada e então avalie como o funcionário se saiu, recompensando-o de acordo com o resultado.

Essas tarefas não são fáceis, mas promover o alinhamento não é nenhum bicho de sete cabeças. É uma pena que tantos líderes evitem essa questão. Sem ela, a empresa nunca será 100% saudável.

ESTABELEÇA UMA TÁTICA A PARTIR DE HOJE

Agora vamos conhecer aquilo que promove alinhamento: liderança.

Conforme já mencionamos, a liderança é fundamental para incentivar o tipo de alinhamento que fará o trabalho deixar de ser um martírio. Seu carro pode estar funcionando perfeitamente, mas de que adianta se ninguém o dirige? O fato é: na esmagadora maioria das vezes, uma liderança renovada é parte *absolutamente indissociável* da criação e da aplicação da missão, da conduta e das consequências em uma organização. Esses fatores andam juntos, e isso não pode mudar.

Mais à frente, dedicaremos um capítulo inteiro à liderança. Na verdade, ele apresentará um modelo novo e holístico que desenvolvemos com base em nossa experiência e em nossas observações: um modelo que define a liderança como a busca incansável pela verdade e como a geração contínua de confiança.

Por ora, vamos falar sobre algumas *táticas* fundamentais relacionadas ao binômio verdade-confiança. Afinal, se sua empresa estiver paralisada, fora de controle ou incapacitada de desenvolver todo o seu potencial, não é a partir de amanhã ou da semana que vem que você precisa começar a resolver o problema.

Você deve começar hoje mesmo por estes cinco passos:

Primeiro: coloque-se no lugar das outras pessoas

Existe coisa pior do que um gerente arrogante e convencido, que marcha pela empresa como um general, é grosseiro com seus assistentes e age como se o seu único trabalho fosse comandar reuniões com os subordinados ou se preparar para conferências com os superiores?

Esses tipos esnobes, com suas salas de vista privilegiada, existiam aos montes no passado. Só saíam do conforto na hora do almoço. Você deve achar que eles estão extintos a esta altura, certo? Infelizmente, ainda falta muito para isso acontecer. Temos visto muitos deles ao longo dos últimos 10 anos, só que agora se escondem atrás de uma muralha de tecnologia.

Outro integrante desse grupo lamentável que também não desapareceu é o gerente antissocial, tão desinteressado e blasé em relação ao trabalho e às pessoas que você se pergunta por que ele se levanta da cama para ir ao escritório todos os dias.

Isso não faz sentido. Se você quer destacar tudo que acontece de bom quando há alinhamento, levante o traseiro da cadeira, procure conhecer de verdade os seus funcionários e comece a se importar com eles como indivíduos.

Na verdade, os melhores líderes são como aqueles treinadores que vibram à beira do campo porque não conseguem conter a empolgação, que abraçam os jogadores quando a partida termina e que sabem o que fazer para incentivar cada um dos seus atletas.

Vamos pensar mais longe. Os melhores líderes, na verdade, são aqueles que se importam *mais* com as outras pessoas do que com eles mesmos. Esse conceito nos faz lembrar de uma entrevista maravilhosa com Don Knauss, então CEO da Clorox, publicada no *The New York Times* algum tempo atrás. Don relatou que, quando mais jovem, foi tenente dos Fuzileiros Navais e esteve lotado no Havaí. "Uma vez acordei às cinco da manhã e por volta de meio-dia estava morrendo de fome. Começava a andar até o início da fila do almoço quando um sargento de artilharia agarrou o meu ombro e disse: 'Tenente, quando se está em campanha, os soldados sempre comem primeiro. Você pode pegar seu prato depois, se sobrar alguma coisa.' Entendi tudo. O mais importante são as pessoas que estão sob seu comando, não você."

Que história fantástica! Grandes líderes conquistam confiança e credibilidade com palavras e atitudes que provam, por meio de grandes e pequenos gestos, que eles respeitam seus subordinados e reconhecem seu valor.

Pode parecer cansativo? Às vezes, sim, mas, se quiser que a sua equipe seja vencedora, isso não deve ser visto como um problema. Pelo contrário, deve ser visto como algo que você tira de letra o tempo todo.

Segundo: pense em si mesmo como o "diretor-geral de significado" da empresa

Quantas vezes você acha que Dave Calhoun e Erik Fyrwald falaram sobre a missão e as condutas durante os seus primeiros 18 meses no comando? Todos os dias? Na verdade, em todas as conversas, em todos os níveis da organização. Esse tipo de comunicação é fundamental, e não só no início do processo de mudança. É fundamental sempre. Os líderes existem, em grande parte, para dar sentido à equipe. Devem explicar de forma incansável aos funcionários qual é o objetivo, como vão alcançá-lo, qual é o papel de cada um e o que vão ganhar com isso. E, depois, terão que falar tudo de novo.

Lembre-se: cada indivíduo da sua equipe trabalha 40 horas por semana. Se você não os ajuda a extrair significado desse investimento, está desperdiçando o tempo e a vida deles.

Esse aspecto da liderança é intimidador, nós sabemos disso. Quem gosta de repetir as coisas até não aguentar mais? Ninguém. Mas essa é uma parte fundamental da interação com a sua equipe e da maneira como você cuida dela – da mesma forma que faria com qualquer relacionamento em sua vida.

Mais uma coisa: não é só o líder que precisa ser um "diretor-geral de significado". Independentemente do tamanho da empresa, todo gerente ou coordenador tem a responsabilidade de criar contexto e propósito. Pense em como isso é poderoso. Pense no alinhamento que é capaz de criar.

Terceiro: elimine os obstáculos do caminho da sua equipe

Você conhece um esporte chamado *curling*? Com todo o respeito aos atletas, é um tanto esquisito, vamos admitir. Um jogador empurra uma pedra de granito pela pista de gelo até um alvo, enquanto outros três vão à frente, varrendo freneticamente a superfície com vassourinhas. Esses jogadores que diminuem o atrito da pista para que a pedra chegue mais rapidamente ao seu destino fazem o que um bom líder deve fazer: afastam todos os obstáculos que aparecem no caminho.

Mas quais obstáculos são esses? Bem, a burocracia endêmica na maioria das organizações é um exemplo. As normas e os regulamentos muitas vezes só existem para que as pessoas que as criam tenham algo para fazer. Não estamos falando sobre o tipo de orientação que é preciso seguir por motivos legais ou de segurança, e sim sobre as mesquinharias que impedem que a empresa avance (por exemplo, o gerente de TI que se interessa mais pelos processos do que pela inovação, o advogado corporativo que coloca empecilhos a qualquer coisa que precise tratar, etc.).

O trabalho do líder é varrer para longe todo e qualquer entulho que atrase sua equipe. E, aproveitando que está com a mão na massa, ele também varre do caminho as pessoas que criam obstáculos, que resistem à mudança, que são obcecadas pelo processo: "Não é desse jeito que fazemos as coisas por aqui", "Antes não era assim".

Não há problema em tolerá-las de vez em quando. Elas podem contribuir para a memória institucional ou se opor a uma cultura passiva demais, o que nunca é desejável. Mas, na maior parte dos casos, esses indivíduos são apenas "do contra": servem somente para desperdiçar energia e tempo. Bons líderes sabem diferenciar os inovadores dos problemáticos e usam suas vassouras com eficácia para provar isso.

Quarto: seja generoso

Não sabemos se existe um gene específico para a generosidade ou se é um comportamento adquirido, mas isso não faz diferença para nós. Os melhores líderes, aqueles mais motivados e admirados, compartilham um traço distintivo: adoram dar aumentos. Ficam entusiasmados quando seus funcionários crescem na empresa e são promovidos. Exaltam os membros da equipe de todas as formas possíveis: financeiramente, atribuindo mais responsabilidades ou elogiando-os em público. E eles gostam disso.

Uma gerente, por exemplo, trabalhava num projeto com uma de suas subordinadas. Elas não estavam tendo sucesso: depois de horas de treinamento, a funcionária não conseguia satisfazer às expectativas da gerente.

Então, certa manhã, ela chegou exausta ao trabalho. "Passei a noite inteira acordada", disse à chefe. "Dê uma olhada no seu e-mail." A gerente abriu a caixa de entrada e lá estava o projeto anexado, exatamente como ela esperava. A chefe saiu empolgadíssima de sua sala, gritando para todos ouvirem: "Você conseguiu! Você conseguiu!" Esse tipo de generosidade de espírito em um líder faz as pessoas se sentirem muito bem e realizarem coisas incríveis tanto para a equipe quanto para os clientes.

Às vezes as pessoas nos perguntam se a generosidade realmente existe no ambiente de trabalho. Já testemunhamos muitas atitudes generosas, e as organizações cada vez mais tendem a atrair, possibilitar e recompensar esse tipo de comportamento. Mas, no geral, diríamos que é um tanto raro. Muitos líderes gostam de "segurar" aumentos e promoções. E costumam esconder seus melhores funcionários para que seu próprio desempenho deixe a melhor impressão.

Uma amiga, por exemplo, pediu demissão de uma grande agência de mídia porque estava frustrada com o ritmo lento do seu avanço na organização. Somente quando estava acertando os detalhes da sua saída com o RH foi que descobriu que o chefe a considerava uma funcionária "de alto nível".

Esse gerente não a criticava abertamente, mas também não expressava sua satisfação. "Acho que ele nunca me dirigiu uma só palavra de incentivo", contou ela. "E não tive nenhuma explicação ao receber um aumento no fim do ano. Aliás, só fiquei sabendo que tinha sido o maior de toda a empresa porque o RH me contou quando eu já estava de saída."

Talvez a experiência dela seja a regra, mas esperamos que não, já que nada pode gerar mais comprometimento e aumento do desempenho do que um líder que abre o seu coração – e a sua carteira – e se permite ser generoso com os funcionários.

E quinto: torne o trabalho divertido

O que há de errado em se divertir com o trabalho? Sério, qual é o problema? Por que sempre partimos do princípio de que o trabalho deve ser difícil, penoso, chato ou desagradável?

Você não pode pensar assim. O trabalho não é algo que você faz enquanto espera a hora de viver. O trabalho *é* a vida. Talvez não toda ela, mas uma parte considerável. E, se você é um líder, é horrível permitir que o ambiente de trabalho se torne um local de "silencioso desespero", como disse Henry David Thoreau. Sem mencionar o prejuízo que isso causa à produtividade e aos resultados.

Ora, poder se divertir com o trabalho é saudável e revigorante tanto para as empresas quanto para os funcionários. Apostamos que 99,9% dos gerentes concordariam com isso – em tese. Mas, ao mesmo tempo, toda a diversão do ambiente desaparece assim que eles pisam no escritório. Alguns estragam tudo porque agem de forma negativa ou falsa, ou ficam fazendo politicagem. Outros acham que a diversão não pode fazer parte de um trabalho sério. Há ainda aqueles que pensam que não são responsáveis por tornar o trabalho divertido ou não.

Mas é responsabilidade deles, sim. Os funcionários dedicam seus dias (e, às vezes, as noites) a você. Empenham mãos, cérebros e corações nessa tarefa. É claro que você alimenta suas contas bancárias, mas, como líder, precisa alimentar também a alma deles. Coloque-se no lugar deles, dê sentido ao trabalho que exercem, afaste os obstáculos e seja generoso. E talvez a melhor forma de colocar tudo isso em prática seja criando um ambiente prazeroso e alto-astral.

É mais fácil do que você imagina. Celebre marcos importantes e pequenos sucessos. Seja bem-humorado e sincero. Deixe que as pessoas sejam elas mesmas. Extermine comportamentos burocráticos assim que ameaçarem surgir. Livre-se daqueles que não jogam para o time. Encontrem-se fora do local de trabalho. Não há motivo para que chefes e subordinados não sejam amigos.

Entendemos que qualquer trabalho passa por momentos de dificuldade e estresse. No entanto, um líder não pode permitir que esse seja o status quo. Mesmo nos períodos difíceis, o local de trabalho precisa ser um ambiente no qual as pessoas queiram estar. Tornar isso possível faz parte das funções de um líder.

No começo deste capítulo, argumentamos que o setor de *private equity* serve de exemplo para como as organizações podem progredir combinando alinhamento e liderança.

Agora queremos deixar uma coisa bem clara: essas mesmas ferramentas são capazes de revolucionar qualquer departamento ou empresa – desde um negócio familiar até uma multinacional. A estagnação é muito comum porque as pessoas são muito humanas, e as empresas comandadas por elas sofrem as consequências.

É difícil não deixar que o trabalho se torne um martírio. Mas não é impossível, e talvez isso aconteça mais rápido do que você pensa.

Alinhamento e liderança: junte os dois e bola para a frente.

2

Levando uma rasteira – e dando a volta por cima

Levar um golpe dói, e muito. Primeiro vem a dor de verdade, depois você fica em estado de choque, perguntando-se: "Como pude deixar isso acontecer?" Da mesma forma que a vida às vezes lhe dá uma bela bordoada, é muito comum levar uma rasteira nos negócios.

Um cliente importante corta laços com você, seu maior concorrente compra o segundo maior, você descobre que a principal arma do departamento de marketing estará indisponível na próxima campanha, a reclamação de um cliente gera uma repercussão negativa no Twitter...

Isso sem falar naquela rasteira que é mais sentida como uma surra: seu setor entra em colapso depois de uma mudança regulatória ou uma catástrofe natural, uma tecnologia revolucionária aniquila as vendas do seu produto ou a economia entra numa grave recessão. As rasteiras podem acontecer de repente ou ser previstas em cima da hora. Pense nos negócios que foram arrasados em Nova Orleans pelos furacões Katrina, em 2005, e Sandy, em 2012.

No entanto, calamidades tão extremas são raras. Muitas vezes levamos uma rasteira porque a organização não estava preparada – e nós não fomos capazes de prever o golpe. No vale do Silício, por exemplo, catástrofes e "revoluções" fazem parte do dia a dia dos negócios. As empresas de tecnologia, pela própria natureza, invariavelmente atraem esse tipo de problema.

A lista de coisas que podem acontecer é interminável. É como disse o CEO do Google certa vez: "O principal motivo que levou as companhias ao fracasso é o fato de elas terem deixado o futuro passar."

Mas, veja bem, o *porquê* da rasteira não é tão importante para o que devemos considerar aqui. Está claro que algo saiu errado. Este capítulo é sobre reparos – sobre como consertar os erros para que sua empresa se recupere e funcione de tal forma que levar outra rasteira se torne bem menos provável.

Para isso, temos seis conselhos para sacudir a poeira e dar a volta por cima:

1. Aceite a rasteira.
2. Agarre-se ao que você tem de melhor.
3. Seja obcecado por indicadores de desempenho, crescimento e custos, usando dados para se orientar.
4. Reformule o processo estratégico.
5. Reavalie se a arquitetura organizacional é de fato eficaz.
6. Preocupe-se de forma mais produtiva.

Preparado? Ótimo. Essas táticas, que serão desenvolvidas adiante, são perfeitas para companhias que estão passando pelas dores da recuperação – talvez até para *todas* as companhias, quer tenham levado uma rasteira, quer não. Em muitos esportes, o ataque é a melhor defesa. O mesmo se aplica aos negócios.

À BEIRA DO COLAPSO

A julgar pelas bilheterias dos filmes hollywoodianos, todos adoram uma boa história de terror. Quer dizer, todos adoram *assistir* a uma boa história de terror, porque viver uma é bem diferente.

Pergunte a Joe DeAngelo e sua equipe da HD Supply (HDS). A empresa começou em 1975 como uma distribuidora regional, baseada na Califórnia, da construtora Maintenance Warehouse. Em 1997, havia crescido bastante e foi abocanhada pela Home Depot, que viu nela uma grande oportunidade de sinergia de produtos e transformou-a em uma divisão, investindo pesado em compras on-line e logística.

A clientela da HDS continuava fragmentada – bombeiros hidráulicos, empreiteiros, síndicos de prédios residenciais ou comerciais, etc. Isso não era um problema enquanto o mercado imobiliário estava em franca expansão, e a HDS obteve sucesso durante décadas. (Em 2005, por exemplo, teve uma receita de cerca de 12 bilhões de dólares, com lucros antes de juros, impostos, depreciação e amortização – ebitda – de 1 bilhão de dólares.)

Só que, em 2008, a HDS recebeu dois "golpes certeiros", nas palavras de Joe. Primeiro, a bolha do mercado imobiliário residencial, que vinha inchando há tempos, estourou. Foi uma dura rasteira, é claro, mas a empresa se voltou para seu mercado secundário – o de propriedades comerciais –, que costuma ir bem quando o mercado residencial vai mal. Alguns meses mais tarde, porém, todo o setor de construção acabou sendo afetado pela recessão e a receita da HDS caiu em 40%. Para continuar respirando, a empresa demitiu quase metade de seus 26 mil funcionários, vendeu três divisões de negócios e fechou um terço de suas sucursais.

Para piorar, a HDS já se encontrava numa situação financeira precária quando tudo isso aconteceu. Desvinculada da Home Depot e vendida para fundos de *private equity*, estava atolada em dívidas. De fato, apesar de todo o bem que as PEs podem oferecer no sentido de resgatar e colocar as companhias nos trilhos novamente, essa é uma das maiores desvantagens desse setor. No início, as novas aquisições geralmente têm um fluxo de caixa limitado e um balanço patrimonial altamente alavancado. "Quem observava de fora achava que tínhamos falido", diz Joe, lembrando-se daquele ano fatídico. "Estavam só esperando o atestado de óbito."

Mas a história não terminou assim. Na verdade, embora a HDS tenha levado uma das piores rasteiras que se pode imaginar, a reação da companhia é um excelente exemplo de como aplicar nossos quatro primeiros conselhos.

Aceite a rasteira

Se você já trabalhou numa empresa que tenha levado uma rasteira, deve saber como os funcionários começam a se comportar: conversas a portas fechadas sobre quem será demitido; gerentes correndo de uma reunião para outra, carregando pilhas de relatórios e expressão apreensiva; e um sentimento geral de medo e desconfiança. A paralisia interna é tamanha que o trabalho se resume, basicamente, a fofocas pelos corredores e envio de currículos para outras empresas.

Esse tipo de reação à crise é natural, pois o instinto de autopreservação também é natural. Mas também é uma profecia que se autoconcretiza. Pessoas distraídas, assustadas e deprimidas não são capazes de consertar nada.

A HDS acabou com isso. Não tapou os olhos para a situação, não perdeu tempo buscando culpados nem assumindo o papel de vítima. Comentários como "O financeiro devia ter previsto isso", "Não acredito que tenha acontecido com a gente" ou "Não merecemos isso" foram proibidos. De que adiantam, afinal? Em vez disso, os líderes da HDS adotaram uma forte mentalidade de "Vamos sair dessa", recompensando todos aqueles que fizessem o mesmo.

Essa mentalidade foi alcançada com o constante reforço da missão e das condutas da companhia. "Tivemos que colocar 14 mil pessoas na mesma direção", afirma Joe. "Nossa missão era: 'Uma equipe trabalha para o sucesso do cliente e a criação de valor.' Repetíamos esse mantra o tempo todo." Enquanto isso, as novas condutas da empresa eram transmitidas por meio do acrônimo SPIRIT – serviço, performance, integridade, respeito, inovação e trabalho em equipe – e reforçadas com pequenas e espontâneas recompensas em dinheiro para os funcionários que as demonstrassem. E, o que é mais importante: essas "condecorações", por assim dizer, eram comemoradas abertamente.

É preciso um pouco de criatividade para aceitar a rasteira que você levou. Escolha a melhor maneira de reacender o ânimo da sua organização, seja com um evento fora da empresa para reforçar o espírito de equipe, uma palestra inspiradora ou qualquer coisa que considerar relevante.

Na HDS, Joe escalou uma verdadeira força-tarefa para analisar os atributos especiais compartilhados por grande parte dos maiores campeões da história: George Washington, Muhammad Ali, o cavalo de corrida Secretariat, entre outros. Suas descobertas – trabalhar duro, nunca desistir e ser sempre o melhor – foram elogiadas e reproduzidas nas reuniões da empresa ao longo de dois anos. "Conversamos *bastante* sobre as características dos campeões", afirma Joe. "O Secretariat venceu por 31 corpos de vantagem. Usamos esse exemplo para redefinir a mentalidade dos funcionários. Queríamos que todos se perguntassem: 'Contratar tal pessoa nos ajudará a vencer por 31 corpos de vantagem? Ir àquela conferência nos ajudará a vencer por 31 corpos de vantagem?'"

O projeto, segundo Joe, "nos ajudou muito a colocar um ponto final no festival de lamúrias. Ele celebrava o que deveríamos fazer para melhorar, e o ponto de partida para isso foi a inspiração nos campeões. A derrota não era uma opção".

Agarre-se ao que você tem de melhor

Em algumas ocasiões, quando uma empresa está em apuros, seus líderes agem por impulso e demitem funcionários sem levar em conta o desempenho. Isso acontece geralmente porque a empresa não possui um sistema de avaliação de desempenho e a diretoria quer mostrar ao conselho de administração como é capaz de agir rápido e cortar boa parte dos funcionários.

Assim, a chefia escolhe o caminho mais fácil: ordena que cada gerente demita 10% da sua equipe. Ao mesmo tempo, oferece acordos para qualquer um que peça demissão. Em geral, quem pede são os funcionários mais bem remunerados e qualificados, que podem conseguir os benefícios mais vantajosos e ter as melhores oportunidades em outro lugar.

Esse comportamento é o cúmulo do gerenciamento medíocre, covarde e desmoralizante. Por que você iria querer incentivar seus melhores funcionários a abandonar a empresa, correndo o risco de iniciar um êxodo maciço de talentos?

Sair do buraco já é bastante complicado por si só. E você nunca vai ser capaz de sair do buraco sem os seus maiores trunfos. É por isso que nas horas difíceis você deve nadar contra a corrente e ter coragem para oferecer *mais* aos seus melhores funcionários: aumentar seus salários, propor participações de longo prazo baseadas no desempenho, pecar mais pelo excesso de parceiros do que pela falta.

Dizemos que é preciso ter coragem porque, no auge da crise, levar ideias assim para o seu chefe ou para o conselho de administração pode parecer suicídio. Seu chefe muitas vezes tem as mãos atadas, e o conselho está preocupado com a reação dos acionistas. Você deve ser destemido o suficiente para dizer: "Que tal comparar o constrangimento de ter atritos com os acionistas por causa dos salários com a vergonha de ver a falência da nossa empresa nas manchetes dos jornais?"

Seja como for, coragem é fundamental. Na verdade, mais do que isso. Se existe um momento para colocar em ação a generosidade de que falamos no capítulo anterior, é esse. Nas horas difíceis, seus melhores funcionários se tornam seus maiores modelos.

Os outros podem pensar: "Se Sam e Sarah decidiram ficar, então a situação não pode estar tão ruim. Com certeza tudo vai melhorar. Estou dentro."

Em outras palavras, seus melhores funcionários são sua maior chance de sobrevivência – e de sucesso. Faça de tudo para não perdê-los.

Seja obcecado por indicadores de desempenho

Com as pessoas certas a bordo, você pode se voltar para a próxima etapa da recuperação da rasteira: buscar meticulosamente maneiras de aprimorar cada aspecto dos negócios.

Meticulosamente? Sim, mas isso não quer dizer devagar. Significa que você fará isso com inteligência e de forma deliberada. E, acima de tudo, que o processo será impulsionado pelas diversas informações disponíveis sobre mercados e clientes.

Para nós, o valor desse novo oceano de fatos e números chamado de Big Data não está necessariamente em obter mais informações – na verdade, você pode acabar sendo soterrado por elas. O importante é discernir quais informações são importantes para a sua organização e esmiuçá-las a fim de determinar o que realmente gera custos e crescimento. No fim das contas, há que se concordar com a afirmação de sir Terry Leahy, ex-CEO da Tesco: "Os únicos dados que importam são aqueles sobre os quais você pode fazer algo a respeito."

Foi exatamente esse tipo de análise que possibilitou à HDS decidir rapidamente de quais negócios deveria se livrar – aqueles que não apresentavam perspectivas claras de assumir uma posição de liderança no mercado. "Esse diagnóstico nos permitiu ver o que precisávamos ver", diz Joe. "Analisamos todos os mercados externos. Haveria possibilidade de lucro ali? Quais eram as necessidades do cliente, o que era mais importante para ele e como estávamos em relação à concorrência?" Os dados também apontaram as melhores oportunidades de investimento.

Consequentemente, a HDS vendeu seus negócios nos setores madeireiro, de instalações hidráulicas e de tubulações industriais, redobrando o foco nos serviços de manutenção e aumentando o investimento em tecnologia para aprimorar a logística de fornecimento. Ao mesmo tempo, mais uma vez usando a análise de dados como ferramenta, a empresa lançou um programa para recompensar e disseminar o aprimoramento dos processos.

O escritório de Los Angeles, por exemplo, estava obtendo resultados muito superiores aos de outras sucursais da HDS. Então uma equipe foi destacada para identificar o motivo e garantir que suas práticas mais eficazes fossem disseminadas para as outras filiais. Enquanto isso, cada membro da equipe de campo da HDS estava na rua usando um tablet com o software da Salesforce, que analisa informações e aponta quais produtos promover para cada cliente no sentido de obter os melhores resultados.

"Ficamos obcecados por desempenho", diz Joe. "Quando é uma questão de sobrevivência, você não tem alternativa."

Felizmente, graças aos avanços na coleta e na análise de dados, adotar essa abordagem atualmente pode significar ser meticuloso e rápido.

Reformule o processo estratégico

Vamos passar agora a outro aspecto fundamental para a recuperação pós-rasteira: o modo como a empresa reestruturou seu processo estratégico, que ilustra como as táticas e as estratégias devem estar cada vez mais integradas, independentemente das circunstâncias.

Pois a verdade é a seguinte: a criação de estratégias – pelo menos da maneira como nós, que já passamos dos 40, a conhecíamos – está morta. Ela é irrelevante. Grandes convocações duas vezes por ano com apresentações sobre tendências e competências fundamentais? Reuniões para conquistar a adesão de colaboradores? Esqueça. Hoje os mercados se movimentam rápido demais para perder tempo com esses rituais ultrapassados. E também *mudam* rápido demais.

Defendemos uma abordagem muito mais simples e flexível para a estratégia, que chamamos de "Cinco Slides", pois o processo pode ser reduzido, obviamente, a cinco slides. Esses slides não devem ser criados por nenhum especialista em estratégia nem por consultores externos, mas elaborados por uma equipe comandada pelo CEO e incluindo os profissionais mais brilhantes da organização, os mais dedicados, os que têm mais conhecimento, os mais curiosos e originais. Pessoas dispostas a debater questões (e até a discordar delas) trazidas de todas as áreas e níveis da organização. Além disso, é importante que essas pessoas sejam um pouco paranoicas – tanto no sentido de aventar hipóteses quanto no de esperar sempre o pior.

Hoje o processo estratégico exige esse tipo de mentalidade porque no ambiente de negócios atual tudo pode acontecer – e acontece. Uma startup de tecnologia surge de surpresa e derruba um gigante do setor. Um comentário infeliz do relações-públicas de uma empresa ofende uma categoria enorme de consumidores. A lista não tem fim.

É por isso que a abordagem dos Cinco Slides é tão "paranoica" e busca sempre pensar fora da caixa. O objetivo dessa abordagem, como deveria acontecer com qualquer processo estratégico, é simples: fazer a organização parar de olhar para o próprio umbigo, ou seja, um desafio imenso!

Vamos apresentar os conceitos:

O primeiro slide oferece uma avaliação básica do campo de jogo atual. Quem são os concorrentes? Qual é a participação de mercado deles? E seus pontos fortes e fracos? Como tudo funciona dentro das organizações concorrentes? Para que esse processo funcione, entenda que questões desse tipo não podem ser debatidas a distância, com tanta cautela e com um olhar meramente intelectual. Já vimos isso acontecer várias vezes, e é um desperdício de energia.

Você precisa ficar por dentro dos detalhes, como se participasse das reuniões deles. Parece difícil fazer isso? E é mesmo. É preciso rigor e disciplina para entrar na cabeça de um concorrente. Mas, se existe uma coisa que já testemunhamos repetidas vezes, é que os estrategistas subestimam a situação atual da concorrência – desdenham dela com opiniões como "Essa empresa é louca de praticar esses preços, eles vão falir" em vez de questionar "Por que nossos custos são tão altos assim?". Para piorar, eles também acham que a concorrência continuará estagnada.

As pessoas sempre incorrem nesse erro. Em suas análises, as próprias empresas vão progredir enquanto a concorrência supostamente ficará parada onde está. Isso é loucura. Quando o assunto é análise de mercado, tenha medo, tenha muito medo.

No segundo slide, você deve reunir uma avaliação de todas as atividades recentes da concorrência, em termos de produtos, tecnologia e mudanças de pessoal, que modificaram o ambiente competitivo.

No terceiro, descreva em linhas gerais o que sua empresa fez durante o mesmo período.

O quarto slide identifica o que está por vir, principalmente as questões mais preocupantes, como o novo produto do concorrente, um acordo de fusão e aquisição que pode abalar a indústria ou um agente de outro setor que entrou na arena para competir.

Por fim, o quinto e último slide identifica o que você vê como seu grande lance, sua jogada vencedora para transformar e dominar essa mesma arena, repleta de competidores antigos, novos e em potencial.

A abordagem dos Cinco Slides reflete nossa crença de que, para se criar uma estratégia, não é preciso ter uma inteligência fora do comum. É muito mais uma questão de encontrar a *grande sacada* para o seu negócio, ter as pessoas certas nas funções certas e buscar as melhores práticas para implementá-la. (Para ficar claro, definimos "grande sacada" como uma forma inteligente, realista e relativamente rápida de obter uma vantagem competitiva sustentável.)

Quando começamos a falar sobre a abordagem dos Cinco Slides há uma década, ela foi recebida com certo ceticismo. Nenhuma surpresa até aí, já que, na época, os cursos de MBA (além das empresas de consultoria que empregavam muitos de seus alunos) baseavam-se no conceito de que o processo de criação de estratégias deveria ser o mais intelectualmente complexo possível.

Ao longo dos últimos anos, porém, observamos uma mudança significativa em relação a processos estratégicos mais flexíveis e rápidos, que promovem a agilidade. Porque ser ágil é uma característica de suma importância. Há algum tempo, em uma conferência, Paul Jacobs, na época CEO da Qualcomm, uma empresa de tecnologias móveis, disse que sua equipe conduzia uma revisão de estratégia mensalmente e, se os mercados exigissem, com frequência ainda maior. Ninguém na plateia pareceu chocado e muitos até concordaram, como se soubessem exatamente do que ele estava falando.

O que nos leva de volta à HDS. Antes da rasteira, eles não estavam exatamente presos a velhos hábitos estratégicos, mas tampouco haviam abraçado o novo por completo. A crise, no entanto, mudou esse quadro, para dizer o mínimo. Em vez de sessões trimestrais para discutir a estratégia, passaram a fazer revisões do mercado todas as quintas-feiras.

Isso mesmo: todas as quintas-feiras.

E, o que é mais importante, a empresa se certificou de que o processo de revisão da estratégia (e das táticas) fosse um exercício de exploração de outras empresas.

Muitas vezes essa revisão de estratégia pode se resumir a um grupo de pessoas numa sala sem janelas falando sobre histórias, tendências, profissionais que fizeram e aconteceram. Sobre o modo como o mundo dos negócios parece estar caminhando. Sobre o momento pelo qual a organização está passando – ou seja, o que ela pode ou não fazer.

Não, não e não.

A criação eficaz de estratégias tem a ver com o futuro – e os mercados. Tem a ver com clientes e concorrentes hoje, amanhã e daqui a um ano. Com a tecnologia que estará em evidência no futuro, produtos que ainda não foram lançados, acontecimentos sociais e políticos prestes a eclodir. Tudo o que você pode imaginar, desde que esteja *lá fora*.

"Na HDS, eu vivia trazendo cada uma das nossas conversas sobre estratégia de volta para os mercados", diz Joe. "Nunca teríamos sucesso se ficássemos apenas debatendo sobre nós mesmos e sobre o que poderíamos ou não fazer. Precisávamos conversar a respeito dos clientes, da concorrência, dos novos produtos, dos novos serviços, das novas tecnologias. Sobre o que mais estivesse acontecendo."

Essa é a grande questão.

Agora vamos dar uma olhada nos dois últimos conselhos para ajudar você a sobreviver a uma rasteira e sair dela melhor do que antes.

Reavalie se a arquitetura organizacional é de fato eficaz

A arquitetura organizacional descreve a organização dos funcionários numa empresa, ou seja, a estrutura hierárquica que define quem e o que é importante. Simplificando, estamos falando de "organograma".

As pessoas costumam evitar o assunto porque organogramas são maçantes, especialmente no caso de empresas em que há vários níveis de subordinação. Também podem causar ansiedade, sobretudo naqueles que fazem questão de saber se estão acima ou abaixo dos colegas na hierarquia. Mas esse não é o ponto aqui.

O que queremos dizer é o seguinte: muitas empresas ainda levam rasteiras porque sua arquitetura organizacional não acompanhou as mudanças ao longo do tempo. E, para ser mais específico, porque o organograma delas é, muitas vezes, uma relíquia do passado, com funções essenciais atuais – como TI e gerenciamento de risco – reportando-se ou ao nível errado (por compreender mal sua importância) ou à função errada (por compreender mal seu valor agregado).

Não é tão prejudicial, é claro, manter-se preso a uma arquitetura organizacional desatualizada. Mas ainda acontece; é um hábito remanescente da época em que o advogado ou o contador conversava com os auditores da empresa duas vezes por ano e conferia as coisas com o pessoal do administrativo de vez em quando. Quanto ao departamento de TI, eles eram aquele número para o qual você ligava quando precisava de ajuda para realizar uma videoconferência ou uma apresentação.

Hoje, naturalmente, a TI tem uma função estratégica fundamental em praticamente qualquer negócio. E, com o aumento de crimes cibernéticos e a intensificação da regulamentação governamental, o gerenciamento de risco também deveria ter.

No entanto, em muitas empresas a arquitetura organizacional não reflete a realidade. Gerentes de risco são chamados para se reportar ao conselho duas vezes por ano, recebem um tapinha nas costas e são enviados de volta para suas cavernas. Da mesma forma, os líderes nem mesmo permitem que o diretor de TI entre em suas salas para conversar sobre possíveis estratégias. Sabemos muito bem do que eles têm medo.

Mesmo com o advento de soluções de baixo custo baseadas na nuvem, parece haver sempre o temor de que o departamento de TI vá aparecer de novo pedindo dinheiro para atualizar esse ou aquele sistema, ou para estabelecer um projeto de infraestrutura tecnológica "urgente" que ninguém entende direito do que se trata.

Mas o custo de marginalizar o gerenciamento de risco e a TI da empresa é altíssimo. E isso fica mais claro quando a organização acabou de levar uma bela rasteira. Veja o caso da rede de lojas de varejo Target.

Pouco antes do Natal de 2013, no auge da maior temporada de vendas do ano, a rede de lojas teve a desagradável tarefa de anunciar que hackers tinham invadido seu sistema e acessado as informações de 70 milhões de clientes.

Setenta milhões!

A Target não está sozinha. Pense no ataque sofrido pela Sony na véspera do lançamento do filme *A entrevista*. Foi um verdadeiro incidente diplomático. Pense na General Motors tendo que fazer o recall de milhões de automóveis por causa de uma falha na ignição que matou 13 pessoas. Pense no banco JPMorgan Chase, que perdeu bilhões de dólares no incidente então chamado de "Baleia de Londres".

As empresas não deveriam esperar um desastre acontecer para examinar quem está se reportando a quem, e com que frequência. É claro que não existe uma arquitetura organizacional "perfeita". Existe apenas a arquitetura organizacional perfeita para cada empresa e seu respectivo mercado.

Mesmo assim, é difícil pensar numa empresa cujos cargos de liderança em gerenciamento de risco e TI não sejam ocupados pelas pessoas mais talentosas da organização – que entendam não só suas atribuições como também a estratégia empresarial em sua totalidade, que possam se reportar diretamente ao mais alto escalão da liderança e estejam na sala durante toda e qualquer conversa importante.

Preocupe-se de forma mais produtiva

Ano passado recebemos o e-mail de uma velha amiga à meia-noite. Essa amiga, que chamaremos aqui de Julie, administra uma agência de publicidade de 2 milhões de dólares com uma equipe de 12 funcionários em regime de meio expediente. Ela está pensando em aumentar o quadro, pois seu negócio está crescendo rapidamente. A mensagem que Julie nos enviou na calada da noite dizia o seguinte: "Estou sempre preocupada ultimamente. É bobagem eu me preocupar tanto, não é?"

Não, não é.

A única bobagem é se preocupar com o fato de estar preocupado. Não há problema em se preocupar, desde que você saiba exatamente com o que está se preocupando – e encare a questão.

Nos negócios, a preocupação pode ser um sinal de que se está prestes a levar uma rasteira. É o seu sistema de alerta, que se baseia apenas em certos indícios, pistas muito vagas. Um cliente importante que demora algumas horas a mais do que o normal para responder seus e-mails. Tuítes inesperadamente positivos sobre o produto de um concorrente que você achava que não iria dar em nada. Seu senhorio dando indiretas sobre seus planos de "um dia" vender o prédio onde sua empresa está sediada.

Dados nebulosos como esses fazem parte do cotidiano de qualquer gerente, que, muitas vezes, os deixam passar. Como dissemos no capítulo anterior, "o trabalho" acaba se impondo. Tentamos transmitir a mensagem de que o alinhamento faz parte do trabalho. E a nossa mensagem aqui é que se preocupar – de forma *construtiva* – também faz.

Analise meticulosamente qual tendência, acontecimento ou comentário estranho está lhe dando frio na barriga, então investigue se a sua preocupação é justificável ou somente paranoia.

Você sairá ganhando de uma forma ou de outra. Caso descubra que estava se preocupando com razão, poderá resolver o problema antes que seja tarde demais. Caso descubra que estava apenas sendo paranoico, poderá respirar aliviado com a certeza de que, pelo menos dessa vez, não precisará resmungar: "Droga, sabia que havia algo de errado."

Nossa amiga Julie, infelizmente, não quis ir tão longe. Quando insistimos para que tentasse identificar o que a estava deixando preocupada, o melhor que ela pôde nos dizer foi: "Não sei, tenho a impressão de que Harry está irritado comigo." Harry era o vice-diretor de marketing do seu maior cliente, e o principal contato dela ali.

Então nós a aconselhamos a conversar pessoalmente com Harry. Ela disse que não podia. Estava ocupada demais.

Na reunião mensal com o cliente, Julie acabou perdendo a conta e ouvindo várias reclamações sobre o desempenho medíocre da sua equipe.

Ela nos telefonou logo em seguida: "Estou aqui sentada no meu carro. Não consigo voltar ao escritório e contar às pessoas. É humilhante demais", disse. "Vou deixar para amanhã." Não sugerimos nada diferente. Golpes desse tipo, como já mencionamos, podem causar uma dor terrível.

Também não quisemos lembrá-la daquele e-mail enviado à noite. Mas ela mesma tocou no assunto: "Bem que eu falei que estava preocupada."

Pois é, ela tinha falado. O problema é que não estava preocupada o suficiente para se preocupar da maneira certa – buscando as origens do incômodo e cortando o mal pela raiz. Afinal de contas, é muito melhor ter que lidar com uma preocupação do que com uma rasteira.

Encontramos Julie recentemente. Harry já não era mais seu cliente, mas a rasteira que ela tinha levado dele naquele dia funcionou como um grande aprendizado. Segundo a própria Julie, ela e a empresa melhoraram bastante por conta do que aconteceu.

É assim que as rasteiras costumam funcionar.

Joe DeAngelo concorda. "Não que eu queira passar por isso de novo", diz ele sobre a experiência dramática da HDS, "mas a experiência nos permitiu aperfeiçoar tudo o que estávamos fazendo. Uma crise permite que isso aconteça. Dá a você a rapidez e a urgência para agir e consertar o que está errado muito mais depressa."

Em 2014, a HDS teve uma oferta pública de ações muito bem-sucedida, o que deu a seus funcionários e donos uma grande oportunidade de comemorar o fato de terem sobrevivido à rasteira que levaram.

O fato é que uma rasteira pode acontecer em empresas de qualquer tamanho, desde um conglomerado multibilionário até um pequeno empreendimento individual. Assim é a vida. Assim são os negócios.

Lembre-se disso: se você por acaso levar uma rasteira, não a desperdice.

3

CRESCIMENTO É FUNDAMENTAL

Todos os negócios visam ao crescimento, certo?

Na verdade, com exceção de um professor que certa vez publicou, na *Harvard Business Review*, um artigo chamado "What's So Great about Growth?" (O que há de tão especial no crescimento?), nunca encontramos alguém que não entenda que o crescimento é o elixir da vida para organizações de todos os tamanhos e setores. Um novo produto, um novo serviço, uma nova conta grande, tudo isso são ótimas notícias!

Alguns de nós nos lembramos de uma época em que o crescimento fazia parte da ordem natural das coisas. Do fim da Segunda Guerra Mundial até 2008, a economia global passou por altos e baixos. Aumentar receitas e lucros ano após ano não era exatamente uma meta fácil durante esse período. A competição era forte em muitos setores. A questão é que o crescimento econômico que eleva o PIB também acaba beneficiando todos os indivíduos.

Então veio a crise financeira. Todos sabemos o que aconteceu nos últimos anos e o que isso significou para os negócios. O crescimento passou a ser algo difícil de alcançar.

Você pode argumentar quanto quiser sobre quem é o culpado pela estagnação do crescimento, mas a realidade é uma só. E ela é incontornável. Resistir é a única saída. Ou, no caso dos negócios, buscar a superação. Não importa se você é o CEO de uma grande corporação ou o coordenador de meia dúzia de pessoas. Quando surge um desafio como retomar o crescimento, você deve arregimentar suas tropas.

O fato é que o crescimento é uma mentalidade. É uma atitude que começa com o líder e percorre toda a organização, como uma vela que acende a outra até que todo o recinto fique iluminado. Você se lembra de Joe DeAngelo, o CEO que retirou a HD Supply do fundo do poço e a conduziu de volta ao sucesso? Ele coloca a questão da seguinte forma: "Os funcionários devem vir para o trabalho todos os dias sabendo que a empresa aposta no crescimento. Não há como crescer de outra forma. Se você não pensar e discutir diariamente sobre o crescimento, ele nunca vai acontecer."

O crescimento é ótimo porque é ele que dá às pessoas segurança no emprego e permite que elas paguem a escola dos filhos, comprem uma casa e ainda avancem na carreira. O crescimento é, em grande parte, o que torna os negócios divertidos.

Mas como? *Como* crescer mesmo passando por um período de desaceleração do crescimento?

Como você deve ter notado, parte da resposta se encontra nos dois primeiros capítulos deste livro. No alinhamento entre missão e condutas. Na liderança que inspira inovação e melhor desempenho. Na análise obsessiva dos dados para impulsionar a produtividade, usando um processo de criação de estratégias rápido e ágil. Na implementação de uma arquitetura organizacional moderna. Preocupando-se de forma produtiva. É óbvio que essas atividades promovem o crescimento!

Então, se você tiver começado a ler *O MBA da vida real* a partir deste capítulo porque o crescimento é o assunto que mais lhe interessa e parece ser o seu maior desafio, sugerimos, com todo o respeito, que volte para o início.

Mas, se estiver conosco desde a primeira página, temos algumas dicas que podem funcionar como catalisadores extremamente eficazes do crescimento. São seis:

- Veja com outros olhos.
- Não saia espalhando recursos.
- Redefina inovação para que ela se torne responsabilidade de todos.
- Inclua os melhores funcionários em suas iniciativas de crescimento.
- Certifique-se de que está recompensando as pessoas pelos motivos certos.
- Conquiste o apoio daqueles que resistem ao crescimento – custe o que custar.

MANTENHA OS OLHOS BEM ABERTOS

Se você já ficou internado por um longo tempo ou cuidou de alguém doente, deve estar familiarizado com os serviços de *home care*. Liberado do hospital embora não totalmente curado, de repente você se vê na sua própria cama, com várias instruções sobre como fazer tudo que as enfermeiras faziam. Tudo que precisa é de materiais hospitalares.

É aí que entra a AssuraMed. Uma das divisões da empresa, a Edgepark Medical Supplies, vende qualquer produto dessa categoria – desde luvas descartáveis até medidores de glicose – ao consumidor final e ainda se encarrega de solicitar ao plano de saúde o reembolso dos gastos. Outra divisão, a Independence Medical, vende os mesmos produtos para lojas de materiais hospitalares.

A AssuraMed é, em muitos sentidos, uma típica história de sucesso americana. Fundada em 1928 como uma pequena farmácia,

40 anos depois se expandiu para a área de venda de produtos em domicílio, tornando-se um negócio regional e, em seguida, nacional. Sua receita girava em torno de 4 milhões de dólares por ano quando uma família de Ohio comprou a empresa em 1990.

Os Harrington deram continuidade a essa trajetória de crescimento durante 20 anos antes de vender o negócio para um fundo de *private equity* em outubro de 2010.

Ao contrário de muitas aquisições nesse setor, a AssuraMed não estava um caos. Longe disso. A RGH Enterprises, como era chamada antes de ser vendida, obtinha lucro com um crescimento de receita não muito alto, mas ainda assim de dois dígitos. Seus gerentes eram competentes e estavam satisfeitos.

Eis que chega o novo CEO, Michael Petras. Michael tinha sido o CEO do segmento de iluminação da GE, um setor em que o crescimento progressivo era extremamente difícil. De repente, ele se viu cercado de inúmeras oportunidades apenas esperando para serem aproveitadas. Então reacendeu o ânimo da equipe com uma mensagem de crescimento – "Mais rápido, mais rápido". Ela se tornou o novo lema da empresa, seu princípio organizacional e um grito de guerra.

Michael poderia lhe dizer que ele e a equipe puxaram simultaneamente todas as alavancas que iremos ver neste capítulo. E é verdade. Mas, para facilitar, vamos analisar uma de cada vez, a começar pela tática que ele chama de "novos olhos".

Ou seja, "contratar novas pessoas".

Não entre em pânico. Sabemos que, se você está lendo isto, já deve ter tentado de tudo para impulsionar o crescimento de sua empresa e levou todos esses esforços até o limite.

Seus clientes queriam entregas mais rápidas e você adotou a estratégia dos Seis Sigma para reduzir o tempo entre saída e chegada à metade. A receita de publicidade que sustentava seu site estava em contração; você estabeleceu um modelo de assinatura. Agregou todos os novos serviços possíveis e levou a expressão "melhores práticas" às últimas consequências.

E os resultados foram razoáveis.

Você conseguiu conduzir o negócio até um crescimento real de 2% numa economia que vem crescendo na ordem dos 2% a 3%. Com um empurrãozinho da produtividade, transformou esse "crescimento" em uma melhoria sólida, de um dígito, na receita. Não era exatamente o que estava esperando, levando em conta os recursos investidos, mas é melhor do que nada.

O problema com esse raciocínio é que você provavelmente não tentou tudo. Na verdade, apenas vem aceitando a situação. E, para sair dessa situação, precisa de novos cérebros no jogo.

No entanto, como o crescimento não está ocorrendo tão rápido quanto gostaria, a última coisa que pensa em fazer é sair contratando a torto e a direito. Você gosta da sua equipe, mesmo que haja apenas quatro pessoas. Eles são experientes e estão ao seu lado, experimentando novas iniciativas. Nós entendemos. Mas a realidade é a seguinte: você e sua equipe não sabem o que vocês não sabem.

Na AssuraMed, Michael Petras estava cercado de pessoas que tinham "crescido" na empresa. Elas conheciam o setor como a palma da mão. Michael não queria dispensá-las, pois, como você, reconhecia o valor delas. Mas, em prol de uma nova perspectiva, transferiu algumas delas para funções diferentes e contratou seis novos líderes de empresas fora do mercado médico, como Hewlett-Packard e Grainger.

E, no que talvez tenha sido sua aposta mais surpreendente, trouxe também a gerente de marketing da Lean Cuisine, uma divisão de comidas congeladas da Nestlé. O nome dela é Kristin Gibbs, e bastou que ela corresse os olhos pela AssuraMed para notar, como Michael, que estava diante de uma mina de ouro de possibilidades de crescimento.

Por exemplo, a empresa vinha segmentando seus clientes por produto havia tempos. Kristin se perguntou o que eles poderiam aprender (e aprimorar) se os dividisse por "tipo de doença". Da mesma forma, ela percebeu que suas campanhas de marketing não acompanhavam as dos fornecedores. O que aconteceria se estivessem alinhadas? A empresa também não se dedicava a promover seus produtos entre os profissionais de saúde. E se talvez ela passasse a frequentar convenções, patrocinasse encontros para a categoria e contasse a eles a história da AssuraMed?

O impacto das iniciativas de marketing de Kristin foi imediato e profundo. Não porque ela era uma nova gerente que introduziu novas técnicas de marketing, mas porque era uma nova gerente que viu a organização com novos olhos – pelo que ela era e o que poderia se tornar.

Se você quer obter crescimento, não importa o tamanho da sua empresa ou o seu cargo nela, quer esteja liderando uma equipe ou um departamento, não perca tempo: novos olhos vão ajudar você.

CONCENTRE, NÃO ESPALHE

A maioria das empresas tem uma verba anual limitada para gastar com iniciativas de crescimento. E, quase sempre, quer o orçamento seja de 100 mil ou 10 milhões de dólares, não é o suficiente. Novamente, esse é apenas mais um daqueles fatos incontornáveis da vida.

No entanto, muitas vezes o problema do crescimento não está relacionado à quantia disponível, mas à forma como os gerentes alocam os recursos.

Eles espalham. Um pouco de incentivo nessa iniciativa, uns trocados para aquela, mais algum para uma terceira, até que cada iniciativa tenha a sua parcela irrisória de verbas, deixando todo mundo insatisfeito. Pelo menos todo mundo fica *igualmente* insatisfeito, certo? É assim que pensam líderes fracos.

Esse tipo de abordagem, por mais comum que seja, é uma receita para o fracasso. Se você deseja obter crescimento, faça grandes apostas. Pense grande para colher grandes resultados.

Michael Petras tinha várias maneiras de alocar seus recursos para gerar crescimento na AssuraMed. De fato, no primeiro ano sua principal equipe – formada pelos "novos olhos" – apresentou mais de uma dezena de oportunidades de investimento. Todas tinham seus méritos – o que era empolgante. Então Michael e a equipe passaram dias debatendo as opções intensamente. No fim das contas, para obter o máximo de retorno, decidiram investir em apenas duas iniciativas. Uma era a ideia de segmentação e alinhamento das campanhas de marketing de Kristin; a outra significou uma mudança expressiva para a empresa: entrar agressivamente no mercado de urologia, em que a presença da empresa era ínfima.

Como seria de esperar, a expansão para a área de urologia foi encarada com ceticismo pela velha guarda da AssuraMed. "Já tentamos isso antes", disseram eles. "A concorrência domina esse setor." Mas Petras argumentou que a empresa nunca havia tentado entrar na área de urologia com recursos e determinação suficientes.

E foi isso que a empresa fez em 2012, investindo pesado em liderança, uma força de vendas empenhada e capacidade de faturamento ampliada. Já no final do ano seguinte, o negócio tinha dobrado de tamanho.

Quem poderia imaginar? Certamente ninguém que estivesse habituado a espalhar os recursos.

Agora, uma última coisa sobre crescimento e alocação de recursos. Como já dissemos, pode parecer que nunca há dinheiro suficiente para financiar o crescimento da maneira que você sabe que ele "precisa" ser financiado. "Para que esse novo produto seja bem-sucedido, precisamos investir no mínimo 150 mil dólares em publicidade", você diz ao seu chefe. Ao que ele responde: "Entendi. Tenho 50 mil aqui."

Às vezes 50 mil é todo o dinheiro disponível no orçamento. Às vezes 50 mil é tudo que você consegue obter porque o restante já foi distribuído.

De uma forma ou de outra, sua única chance é contornar o problema com uma solução inovadora. Esbanje criatividade em vez de dinheiro.

Foi isso que a companhia aérea WestJet Airlines fez.

Em dezembro de 2013, com gastos estourando o orçamento e pouca visibilidade por parte do seu mercado-alvo, a WestJet escolheu dois voos que iam de Toronto a Calgary e instalou um quiosque na sala de embarque em formato de caixa de presente com uma tela digital. Um Papai Noel interativo dava as boas-vindas aos clientes antes de eles embarcarem. "Ho, ho, ho! Qual é o seu nome e o que quer ganhar de Natal?", perguntava. A maioria das pessoas não via mal em participar e entrava na brincadeira. Uma câmera, respondeu um cliente. Meias e cuecas, disse outro. Um liquidificador. Um cachecol. E assim por diante.

Os aviões decolaram e provavelmente 90% dos passageiros se esqueceram daquele encontro com o Papai Noel. Mal sabiam eles que os funcionários da Westjet em Calgary tinham ido às compras, percorrendo freneticamente as lojas para atender a todos os desejos. E, quando as 250 pessoas aterrissaram e foram pegar suas bagagens na esteira nº 8, viram chegar presentes embrulhados e etiquetados com seus nomes.

Desafiamos você a assistir ao vídeo no YouTube e não se emocionar. Apenas tente – mais de 40 milhões de pessoas já fizeram isso.

Sim, a campanha de marketing maravilhosamente inovadora da WestJet resultou em mais de 40 milhões de visualizações. Não sabemos quanto teria custado uma campanha tradicional capaz de atingir tantas pessoas, mas certamente seria muito mais do que os gastos com os presentes.

A questão é a seguinte: dificilmente haverá dinheiro para todas as iniciativas de crescimento necessárias. Então gaste quanto tem e quanto pode. Só não saia por aí espalhando os recursos.

MÃOS À OBRA

Vamos continuar falando sobre inovação, pois é ela que impulsiona o crescimento tão alardeado nos relatórios anuais de praticamente todo e qualquer CEO.

Não há nenhum mal nisso. A própria ideia de marketing da WestJet é um exemplo do poder da inovação para virar o jogo. Mas, de modo geral, parece que a maioria das pessoas e dos gurus de negócios pensa em inovação de forma muito limitada, o que faz as empresas perderem inúmeras possibilidades de crescimento.

O problema é que a nossa cultura parte do princípio (ou do estereótipo, se você preferir) de que inovação não passa de um privilégio dos Edisons, Einsteins e Jobs do mundo – as mentes brilhantes, de uma genialidade quase sobrenatural, que se isolam em seus laboratórios e saem de lá com uma invenção que muda tudo o que conhecemos.

É claro que esses indivíduos excepcionais existem. Mas, se você quer obter crescimento, precisa esquecer a ideia de que a inovação é apenas um produto de gênios solitários e que só pode ser alcançada por meio de descobertas revolucionárias. Esse nível de exigência é tão alto que exclui muitas pessoas, que acabam pensando coisas como: "Inovação não é para pessoas como eu. Posso ser inteligente, mas nem tanto."

É como pedir demissão no seu primeiro dia de trabalho.

Nos negócios, é mais provável que a inovação aconteça quando é definida para (também) incluir pequenos avanços progressivos que fazem parte do trabalho de cada um. Pode e deve ser algo contínuo, permanente e *normal*. Pode e deve ser uma mentalidade que leva todos os funcionários a pensar: "Vou encontrar a melhor maneira de executar o meu trabalho hoje."

Pense no que pode acontecer. De repente, a inovação acaba encontrando um jeito de fechar o balancete trimestral em seis dias em vez de oito; de aumentar o giro de estoque em 5% por trimestre; ou de usar a tecnologia para entrar em contato com quatro clientes por dia em vez de três.

A inovação se torna um movimento em massa para aprimorar de forma contínua os processos de trabalho. E é raro que um movimento em massa não cause impacto.

Mas há um detalhe: essa mentalidade não vai se desenvolver a partir de alguns discursos do chefe. Se você apenas exclamar "A inovação é uma maravilha! É o que precisamos fazer!", as pessoas vão assentir e talvez até aplaudir, mas depois voltarão para suas mesas, retomarão o trabalho e nunca mais pensarão em inovação outra vez.

Esse tipo de mentalidade exige uma cultura de reconhecimento em que os líderes devem comemorar os pequenos avanços.

Por exemplo, o Sam, do atendimento, encontrou uma forma de aumentar em 5% o índice de retenção de clientes. Foi presenteado com uma festa no escritório para brindar a descoberta, além de uma recompensa bem divulgada de dois ingressos para um show disputado. Já Marie desenvolveu um jeito de evitar o tempo ocioso na fábrica com uma pequena mudança na escala. Como prêmio, levou a família para a Disney.

Enfim, os detalhes não importam. Apenas comemore a conquista de um modo que pareça correto e faça sentido. (Só não se esqueça que a comemoração nunca, jamais, deve ser um jantar com o chefe.

Ele pode ser maravilhoso e divertido, e alguns até são mesmo, mas um jantar com ele ainda é considerado trabalho.)

Então, resumindo: somos inspirados pelos gênios tanto quanto qualquer outra pessoa. Mas você não precisa ser um gênio para deixar uma marca significativa: existem inúmeras oportunidades de crescimento numa empresa e basta uma para que ela se torne realidade.

Apenas reconheça que os pequenos avanços também são inovações.

COMBINE O TALENTO CERTO COM A TAREFA

No começo deste capítulo, nós defendemos que, quando o assunto é alocação de recursos para o crescimento econômico da empresa, é preciso "pensar grande". Agora queremos defender que esse mesmo princípio se aplica às pessoas que você designou para colocar em prática as iniciativas de crescimento. Elas devem ser as melhores. Só assim a estratégia vai funcionar.

"Óbvio", você está pensando, "isso até eu sei."

É óbvio, sim. O problema é que não acontece com a frequência ou a intensidade que deveria.

Nem mesmo nas empresas mais inteligentes.

Recentemente participamos de uma revisão de processos operacionais na Hussmann, que fabrica aparelhos de refrigeração. É um negócio sólido, com uma liderança nova e dedicada, que vem se recuperando bem depois de ter sido abandonado por um conglomerado.

Ficamos discutindo sobre as principais iniciativas de crescimento da empresa e os avanços obtidos. Todos eram claramente promissoras e vinham sendo devidamente financiados. Mas os resultados estavam aparecendo mais devagar do que o esperado. O que estava acontecendo?

Uma resposta para essa pergunta foi fascinante – e fundamental para o nosso propósito neste livro. Ela veio quando o CEO Dennis Gipson, que estava conduzindo a reunião, teve a autoconfiança de passar a palavra para o diretor de RH, Scott Mannis. Dennis sabia que Scott fizera uma análise completa da situação: as descobertas dele apontavam para uma gritante falta de sintonia entre o nível de talento necessário para lançar as iniciativas de crescimento e os talentos encarregados disso.

Felizmente, a Hussmann era uma empresa que tinha um rigoroso sistema de avaliação de desempenho, classificando os funcionários em excepcionais (cerca de 20% do total), bons a medianos (70%) e abaixo das expectativas (os 10% restantes).

Com essas informações, Scott criou um gráfico, que foi apresentado aos colegas naquele mesmo dia. Mapeou cada uma das iniciativas de crescimento da empresa no eixo vertical e, ao longo do topo, no eixo horizontal, as classificações (20-70-10) dos funcionários encarregados. Resultado: alguns funcionários excepcionais foram designados para comandar essas iniciativas de alavancar o crescimento. *Eureca.*

Qualquer empresa que busque crescimento – ou seja, todas elas – deveria se guiar por esse gráfico. Gráficos como esse são a carta na manga para virar o jogo, pois trazem a gestão de pessoas para o centro das ações. Se você quer crescimento, deve escalar os melhores talentos para girar as engrenagens.

Na AssuraMed, Michael Petras compreendia que era importante colocar os melhores funcionários em iniciativas de crescimento. Ele transferiu um dos gerentes com grande potencial para a coordenação do setor de urologia. Michael acreditava que a unidade recém-criada precisava dessa potência na liderança, mas também sabia que deslocar um funcionário que se destacava para o principal projeto da empresa transmitiria uma mensagem retumbante sobre a importância estratégica da iniciativa. Gestos como esse, como descrevemos no Capítulo 1, falam mais alto do que mil discursos.

Como esperado, quando Michael deu a notícia ao gerente, ele ficou pasmo.

"Meu cargo de agora é melhor do que esse!", protestou ele.

"É verdade", concordou Michael, "mas você é um dos melhores funcionários da empresa. Esse novo empreendimento precisa de você. A empresa precisa de você."

E é assim que deve ser. O crescimento não acontece sozinho.

REPENSE CONSTANTEMENTE AS RECOMPENSAS

A próxima alavanca é a mais trabalhosa de todas e a mais difícil de implementar: avaliar e recompensar as pessoas pelo crescimento.

Lembra quando falamos que o Big Data era uma ótima ferramenta desde que você não se deixasse afogar pela enxurrada de novas informações? Os dados podem revelar muito e ajudar você a se concentrar nos pontos que impulsionam o crescimento e a redução de custos.

Os dois estão, é claro, diretamente relacionados. O que de fato gera lucratividade? As vendas, as margens, os custos de aquisição de clientes ou a retenção? Aprimorar os recursos do produto? Ou assinar contratos de serviço de longo prazo?

Talvez você já tenha a resposta para essas perguntas. O que é ótimo, aliás.

Mas você avalia e recompensa o desempenho de seus funcionários de acordo com isso? Não responda antes de pensar bem no assunto.

O negócio é o seguinte: sistemas de avaliação e recompensa tendem a ficar obsoletos com o tempo. No mundo de hoje, com o ritmo acelerado das mudanças tecnológicas, eles ficam obsoletos 10 vezes mais rápido. Então talvez você ache que sua empresa avalia as pessoas pelos motivos certos e as recompensa pelos motivos certos, mas pode estar enganado.

A AssuraMed nos fornece mais um exemplo. Quando Michael Petras assumiu o cargo de CEO, ele ficou surpreso ao constatar que a equipe de vendas era avaliada e recompensada por seus sucessos *passados*. Mais especificamente, os representantes recebiam uma comissão por seu "histórico de negócios", com uma porcentagem muito menor paga de acordo com novas contas e número de chamadas externas. O resultado era que alguns deles passavam a maior parte do tempo gerenciando contas grandes antigas, um esquema que lhes rendia comissões gordas, mas fazia muito pouco pela perspectiva de crescimento da empresa.

Ou seja, um sistema totalmente equivocado.

Em pouco tempo, Michael mudou o sistema de recompensas da equipe, que passou a se basear em valores de crescimento de vendas, valores de crescimento de margem e número de clientes.

Alguns representantes não ficaram nada felizes. Como culpá-los? Há anos eles gerenciavam as poucas contas grandes que já existiam e ganhavam a maior parte das comissões disponíveis. Mas, com a nova configuração de crescimento da empresa, a maioria decidiu dar uma chance ao novo sistema.

Como esperado, a AssuraMed viu as tendências de receita e margem de lucro melhorarem rapidamente, alcançando níveis sem precedentes. Além disso, o novo plano permitiu que mais representantes de vendas causassem impacto no desempenho geral da empresa. No fim das contas, e sem muito sofrimento, tanto os funcionários quanto a empresa se beneficiaram imensamente da mudança.

Pode parecer oneroso reexaminar e às vezes reformular o sistema de avaliação e recompensa a cada dois anos. Sabemos disso. Por outro lado, é normal que esses sistemas fiquem estagnados. Além disso, quando você precisa de crescimento rápido num mundo que cresce devagar economicamente, essa é uma alavanca essencial para o sucesso.

A RESISTÊNCIA INTERNA

Nossa última alavanca remete novamente ao *curling*.

No Capítulo 1, argumentamos que os líderes deveriam agir como os jogadores de *curling*, que varrem o gelo, removendo os obstáculos do caminho para que seus colegas de equipe possam levar a "pedra" até o alvo. E por "obstáculos" queremos dizer entraves e empecilhos burocráticos inúteis.

O mesmo se aplica ao crescimento. A diferença é que os obstáculos a uma iniciativa de crescimento não são apenas entraves burocráticos. Também podem surgir com a resistência de membros da "antiga" empresa, que se ressentem com os recursos e a atenção atribuídos aos novos e pequenos empreendimentos.

"A alta direção não fala de outra coisa. Isso não tem o menor futuro. Está sugando o dinheiro da empresa. Nós ganhamos a grana e eles gastam tudo."

Até certo ponto, esse tipo de resistência não prejudica uma nova iniciativa de crescimento. Afinal, essas pessoas estão apenas resmungando e se queixando, certo? Por outro lado, a sabotagem pode ser muito nociva. Esses funcionários mesquinhos talvez dificultem o compartilhamento de informações sobre clientes e fornecedores ou soneguem dados relevantes ou úteis nas reuniões. Podem encontrar milhares de pequenas formas de não cooperar, liquidando pouco a pouco as chances de sucesso de uma iniciativa de crescimento.

O pior é que essas pessoas às vezes mantêm seus melhores funcionários longe da nova iniciativa de crescimento, abusando de diversas desculpas: "Não podemos abrir mão de Mary até o fim do trimestre; os clientes não vão aceitar" ou "John não quer mudar de cargo este ano; o filho dele está para nascer".

Essa reserva de pessoal é o maior pecado daqueles que resistem ao crescimento. É muito mais difícil começar algo novo do que administrar uma divisão de 300 milhões de dólares, com 50 anos de existência e com todos os clientes assegurados e sistemas funcionando a pleno vapor.

Assim, a última alavanca a ser puxada, e com toda a força, para estimular o crescimento é conquistar a adesão dos resistentes. É preciso identificá-los, neutralizá-los e redirecioná-los. Às vezes, uma conversa firme sobre missão e condutas é suficiente. Mas ajuda usar uma artilharia mais pesada, atrelando uma fatia significativa dos bônus da velha guarda ao sucesso da iniciativa de crescimento. Nesse tipo de circunstância, o impacto na carteira ajuda bastante a redefinir a mentalidade. Se isso não funcionar, será preciso demiti-los, ou eles acabarão minando o crescimento da empresa.

Seja qual for a estratégia, tenha certeza de que toda iniciativa de crescimento enfrenta uma forte resistência *fora* da sua empresa. O papel do líder – e estamos falando de líderes de todos os níveis – é garantir que isso não aconteça *dentro* dela.

Como podemos impulsionar o crescimento? Essa é a pergunta que todos fazem. Em todo lugar, as pessoas querem saber como crescer rápido – num mundo que cresce tão lentamente.

Nossa resposta para esse desafio está nas alavancas que descrevemos neste capítulo. Na verdade, o livro inteiro fala de crescimento. Bons líderes, boas equipes e boas estratégias levam ao crescimento, assim como uma boa análise de dados. Um bom e atualizado sistema de recompensas leva ao crescimento também.

Você já deve ter entendido aonde queremos chegar.

Quando conversamos pela primeira vez com Michael Petras na AssuraMed sobre o aumento de 30% na taxa de crescimento da empresa, ele nos disse: "Nós fizemos tudo ao mesmo tempo."

Sim, ele puxou todas as alavancas certas: levou novos olhos à empresa; não saiu distribuindo os recursos ao acaso; realocou seus melhores talentos nas iniciativas de crescimento; avaliou o desempenho dos funcionários e recompensou de acordo com as metas de crescimento; determinou que a inovação fizesse parte da rotina de todos; e certificou-se de que nenhum funcionário sabotasse as novas iniciativas.

Todas essas medidas funcionaram. A companhia continua crescendo – em 2014, ultrapassou a marca de 1 bilhão de dólares em vendas – e a melhor parte, para Michael e para nós, é como isso faz as pessoas se sentirem. O crescimento enche de energia todos afetados por ele. É simplesmente empolgante.

Empolgante... e fundamental. Na natureza, tudo que não cresce morre. O mesmo vale para os negócios. Não há dúvidas de que vivemos uma época de crescimento lento. Às vezes, pode parecer que apenas manter o resultado do trimestre anterior já é uma verdadeira vitória. Mas o crescimento é tão essencial para dar sentido ao trabalho e torná-lo divertido que você não pode se permitir acreditar que a inércia é o status quo.

4

Globalização: um assunto complicado

Você pode amar ou odiar o Facebook, mas é brilhante que a rede social tenha "em um relacionamento complicado" como uma das opções de status. Todo mundo entende na mesma hora o que isso significa: uma situação turbulenta da qual a pessoa não consegue se livrar.

O mesmo pode ser dito sobre a globalização.

Seria ridículo escrever um livro que abordasse os verdadeiros desafios dos negócios na atualidade sem mencionar as alegrias e as agruras de se trabalhar com mercados estrangeiros. Seria igualmente ridículo fingir que conselhos sobre como lidar corretamente com a globalização fossem difíceis de encontrar. Pelo contrário, eles estão em toda parte.

Muitos desses conselhos são bons. Alguns deles, ótimos. Então, pode ficar tranquilo. Não vamos repetir tudo o que você já ouviu sobre o assunto. Em vez disso, vamos discorrer acerca das questões que quase nunca são abordadas. Aquelas que acreditamos fazer diferença quando se está tratando de negócios além das fronteiras.

Nossos insights têm como base o trabalho que realizamos durante 40 anos para um conglomerado multinacional e, mais recentemente, o que temos feito com dezenas de organizações dos mais variados setores e tamanhos que fazem negócios fora do país.

É a partir dessas experiências que defendemos os quatro elementos fundamentais para uma bem-sucedida expansão global. Talvez sua empresa já esteja ciente de alguns, mas outros podem ser novidade. (Por exemplo, quase nunca ouvimos falar sobre o discernimento na globalização. Para nós, essa talvez seja a principal característica que um gerente deve ter. Voltaremos a falar nisso adiante.)

Vamos analisar cada um dos elementos fundamentais respondendo às quatro seguintes perguntas:

1. TODOS SAEM GANHANDO COM NOSSA INICIATIVA DE GLOBALIZAÇÃO?

Se a questão causou desconforto, saiba que você não está sozinho. Por algum motivo, diversas empresas – mesmo as boas e inteligentes – lançam suas iniciativas de globalização com uma mentalidade de "cair matando": entram em novos mercados de exportação empurrando seus produtos "goela abaixo" ou reduzindo os custos de fornecimento a quase nada. A ideia é fazer dinheiro, e rápido.

Mas sabemos que os negócios não funcionam assim – pelo menos não durante muito tempo.

Veja o caso das exportações.

Houve uma época, uns 25 anos atrás, em que os produtos ocidentais podiam chegar aos mercados estrangeiros, fechar acordos de distribuição e garantir certo nível de sucesso. Afinal, tinham um enorme valor agregado naquela época. A China, por exemplo, ainda não produzia equipamentos agrícolas modernos e de alta eficiência, assim como a Índia não fabricava aparelhos de ultrassonografia portáteis.

Hoje, China e Índia, além de outros países, possuem seus próprios engenheiros bem treinados e fábricas com tecnologia de ponta. A lista de nações desenvolvidas e em desenvolvimento, com economia forte e saudável, vem crescendo a cada ano.

A expansão da prosperidade é uma excelente notícia, mas também significa que você deve pensar duas vezes antes de investir numa estratégia de exportação. Faça perguntas como: temos algo verdadeiramente singular que o mercado-alvo queira e de que precise? Nossa tecnologia é revolucionária? Podemos protegê-la de modo que não seja copiada e vendida por um valor mais barato? Caso uma das respostas seja "não", é bem provável que seus distribuidores saiam ganhando – mas você não.

Precisamos fazer uma ressalva aqui, e das grandes. Se o seu produto e a sua tecnologia não forem originais, uma marca forte pode ser um fator atenuante significativo para criar uma situação vitoriosa. A Pabst Blue Ribbon, da Miller, é uma cerveja premium na China, vendida a mais de 30 dólares a garrafa. O Kit Kat, da Nestlé, é extremamente popular no Japão e tem mais de 80 variedades, incluindo sabores como soja, milho verde e vinagre de limão.

É claro que exemplos assim não se limitam a produtos alimentícios. Nike, Apple, Chanel e American Express são marcas globais extremamente fortes que foram capazes de criar acordos com parceiros locais em que todos saíam ganhando.

Um dos desafios da China na próxima década é a escassez de marcas existentes no país. Não se compara com Japão e Coreia do Sul, que, ao longo dos últimos 40 e 20 anos, respectivamente, investiram bilhões para desenvolver marcas famosas. Pense na Samsung, na LG e na Hyundai. Quando a China chegará a esse nível? Mesmo que demore mais de uma década, essa janela de tempo não deve ser desconsiderada por exportadores que atualmente contam com a força das suas marcas para se proteger.

Os fornecedores também não são mais os mesmos. Hoje, se você não der uma larga vantagem ao produtor local – ou seja, se não propuser uma situação em que todos saiam ganhando –, seu negócio não demorará muito a quebrar.

A David's Bridal, maior varejista de roupas de casamento dos Estados Unidos, é um ótimo exemplo. De acordo com o presidente do conselho, Paul Pressler, a David's Bridal contratou durante muitos anos o serviço de costura altamente técnico e complexo de 10 fábricas chinesas. Por volta de 2013, porém, a empresa começou a considerar essa estratégia muito arriscada por conta do aumento do custo da mão de obra, de incertezas políticas e da logística.

Então a empresa decidiu ampliar o acordo com sua única fábrica parceira no Sri Lanka, administrada por um empresário bem-sucedido na produção de artigos de alta qualidade a preços competitivos. A David's Bridal entrou com 25% do capital, ofereceu capacitação técnica e garantiu pelo menos cinco anos de produção. Assim o empresário poderia cobrir as perdas iniciais e garantir o investimento de capital externo.

"Cadeias de fornecimento são uma arma muito poderosa para nós", explica Paul Pressler. "Queremos ser importantes para o nosso parceiro no Sri Lanka e queremos que ele seja importante para nós de forma que possamos trabalhar juntos durante muito tempo."

"Muito tempo" é bom. Porque, no fim das contas, o segredo para criar um negócio global em que todos saem ganhando está em ter um horizonte de tempo.

Vindi Banga, ex-executivo da Unilever que agora atua no setor de *private equity*, sabe tudo sobre globalização. Ele conta uma história muito conhecida sobre como muitas *joint ventures* (JV) fracassam. "O negócio começa às mil maravilhas", diz ele. "Todos animados e trocando apertos de mãos. Tudo parece muito bem dividido: o 'grandão' trazendo a tecnologia e a marca, e o 'pequeno' trazendo os mercados locais, os contatos e o conhecimento regulatório. É um bom acordo, justo."

Depois de cinco anos, a JV se torna um sucesso tão grande que o "grandão" quer expandi-la. Às vezes compra o parceiro local, que, em algumas ocasiões, pode acabar se sentindo usado, furioso e explorado o suficiente para virar a mesa e se tornar um concorrente, o que não é um resultado desejável. Em outros casos, o "grandão" propõe um acordo ao parceiro local: "Vamos investir 50 milhões de dólares cada um." O pequeno recua, pois esse valor é mais do que ele tem em caixa ou poderia sonhar obter com um empréstimo.

Na maioria das culturas, entretanto, essa é uma mensagem constrangedora, de modo que o parceiro local argumenta que "é cedo demais para um crescimento dessa ordem" ou "não estamos fazendo dinheiro suficiente para esse tipo de compromisso".

O "grandão" fica irritado. "Você vai nos causar problemas com esse tipo de atitude", diz. "Temos concorrentes e precisamos estar à frente deles."

Com essas idas e vindas, "eles acabam se desentendendo", segundo Vindi, "e é aí que começam os problemas". De forma lenta, porém inexorável, a JV começa a ruir e geralmente termina de vez com o "grandão" encontrando outro fabricante local "mais receptivo", ou seja, com uma carteira mais gorda. O parceiro original é deixado para trás, sentindo-se enganado.

Isso ocorre mais vezes do que deveria "porque os parceiros nunca conversaram sobre os planos de longo prazo. Por mais simples que pareça, isso raramente acontece".

Da mesma forma, muitas empresas sofrem de miopia quando o assunto é o *tempo* que seus gerentes permanecem nos cargos que assumem na filial estrangeira. O fato é que, se você quer que todos saiam ganhando, não pode enviar os funcionários para fora e pedir que fiquem apenas um ou dois anos. Os parceiros locais ficarão perdidos com tanto troca-troca.

E o seu pessoal? Bem, Vindi Banga descreve a questão assim: "O primeiro ano é inútil; você não sabe para que lado ir. Precisa aprender tudo", diz. "Fica constantemente confuso: dorme enquanto todo mundo na matriz está acordado e trabalha enquanto eles estão dormindo. No segundo ano, começa a entender os costumes e o mercado local, além de fazer amizades e se relacionar com pessoas importantes. No terceiro ano, enfim você pegou o jeito."

Isso mesmo, no *terceiro* ano. É mais ou menos quando a maioria dos expatriados começa a conversar com seus chefes no país de origem sobre voltar para casa. Eles estão cansados e sentem falta da família. Mas, sinceramente, é quando a parte boa está começando.

Resumindo: se você tem como objetivo criar uma situação de ganha-ganha – e argumentamos que é assim que deve ser –, jogue mais do que limpo e planeje-se para o longo prazo.

Pense nisso como se estivesse contratando um seguro "anticomplicações".

2. AS PESSOAS QUE VÃO TRABALHAR FORA DO PAÍS POSSUEM DISCERNIMENTO?

Alguns clichês são clichês porque são verdadeiros, incluindo aquele que diz que você deve enviar os melhores talentos para assumir cargos fora do país. O trabalho pode parecer glamoroso, mas para quem está nas trincheiras a tarefa é bem difícil, cheia de peculiaridades, obstáculos e burocracias. Não há dúvidas de que é mais fácil administrar uma filial de 50 anos que vale 500 milhões de dólares no seu próprio país do que uma startup na Polônia ou na China. Uma segue pela estrada suavemente. A outra sacode, derrapa e empaca no meio do caminho com uma frequência assustadora.

Além disso, todos sabem como pode ser difícil um funcionário aceitar trabalhar fora do país – especialmente quando ele deve ficar muitos anos por lá. As pessoas têm famílias e amigos; têm casas e hobbies; fazem planos para crescer na carreira e ficam com medo de acabarem esquecidas.

É por isso que as empresas acabam enviando os funcionários mais impetuosos, ambiciosos e aventureiros... mas não exatamente os mais bem preparados. Enviam o que possui dupla cidadania, o que morou na Índia quando criança ou o gerente que vai se aposentar em breve e gostaria de passar o tempo que falta no exterior com o cônjuge.

Certamente algumas pessoas têm talentos e habilidades valiosos. Mas muitas delas não possuem discernimento, que, segundo a nossa experiência, é a qualidade mais importante que expatriados devem ter para garantir a eficiência do trabalho. Esse é o ponto principal.

E o que é discernimento? Bom senso, basicamente. Ou, nesse contexto, uma combinação de sagacidade comercial, tato cultural e a boa e velha sabedoria. É a capacidade e a autoconfiança de saber quando aplicar as normas da empresa e quando não fazer isso por respeito aos costumes locais.

Paul Pressler, que trabalhou por 15 anos na Disney antes de assumir o comando da David's Bridal, nos contou duas histórias que demonstram o que queremos dizer.

Na primeira, a Disney estava abrindo a sua primeira loja no Japão. A ideia era ser bem característico: criar uma experiência de compra extrovertida, empolgante e interativa desde a entrada, onde alguns atendentes animados receberiam os clientes.

Os executivos da Disney no Japão se opuseram enfaticamente ao plano. Os consumidores japoneses, explicaram, estavam acostumados a ser recebidos com uma mesura educada e a certa distância. Qualquer outra abordagem não só causaria constrangimento, afirmaram, como também seria considerada indelicada.

O líder da Disney na região ouviu a mensagem, mas decidiu seguir com o plano original da empresa: contato direto, simpatia, proximidade, tudo que faz parte do DNA da marca. Eles pensaram que os clientes talvez pudessem não gostar dos atendentes a princípio, mas logo se acostumariam e passariam a adorá-los.

E foi o que aconteceu. Em dois anos, a loja da Disney em Tóquio estava entre as mais lucrativas do mundo. (Aliás, muitas lojas de departamentos japonesas agora contratam atendentes extrovertidos para receber os clientes.)

Por outro lado, antes da inauguração de seu parque temático em Hong Kong, a Disney decidiu se render a um importante costume local.

Normalmente, os restaurantes da Disney oferecem mesas com diversos lugares, disponíveis para clientes ao longo de todo o dia. "Durante a fase de pesquisa de mercado em Hong Kong, descobrimos que as pessoas costumam comer todas ao mesmo tempo, ao meio-dia, e se sentam a uma mesa só ou se reúnem em grupos muito numerosos", recorda Paul.

A questão foi debatida e chegou-se à seguinte conclusão: os horários das refeições não representavam um elemento fundamental do DNA da Disney. Além disso, tentar mudar o costume não ia melhorar a experiência dos clientes no parque. Portanto, os salões dos restaurantes seriam reformulados e teriam equipes dedicadas a servir mesas grandes ao meio-dia. Assim, os hábitos locais foram priorizados.

E, mais uma vez, eles foram bem-sucedidos. É isso que o discernimento pode fazer. Trata-se de algo sutil, nós sabemos. Mas você vai percebê-lo na forma de bom senso e autoconfiança quando tiver que tomar decisões importantes e triviais. São essas as características que você precisa ter ao trabalhar diferenças espinhosas, e muitas vezes relevantes, com gerentes locais. E, quando vir esse tipo de discernimento em ação, não deixe que esses indivíduos fujam: eles é que darão às suas operações no exterior a melhor chance de sucesso. E podem fazer toda a diferença.

3. ESTAMOS ASSUMINDO OS RISCOS DE FORMA REALISTA?

Não precisamos dizer que empreendimentos globais elevam os níveis de risco, certo? A primeira e mais óbvia maneira de lidar com essa realidade é limitar a dependência a um só país, especialmente quanto ao fornecimento. Foi por isso, aliás, que a David's Bridal abriu uma fábrica no Sri Lanka. Por mais satisfeita que a empresa estivesse (e esteja) com seus parceiros chineses, "estávamos nos sentindo muito expostos", nas palavras de Paul Pressler.

Você também pode administrar os riscos atentando para todas as normas legais e regulamentares do país de origem da empresa, que podem ser mais rígidas, mais seguras e protegerão melhor os trabalhadores e o meio ambiente. Não importa quais sejam as regras locais – se os funcionários podem trabalhar sete dias por semana ou se é permitido construir fábricas sem fundação, por exemplo –, você deve pensar obsessivamente nas "melhores práticas globais" em todos os seus processos.

Isso tudo sairá mais caro? Com certeza. Mas pense que, em caso de acidentes, o custo humano e financeiro da sua economia nesse sentido será muito maior. Muitas histórias trágicas sustentam o nosso argumento. Então fique atento a elas.

Por falar em normas, em algum momento alguém talvez lhe ofereça "isenções" ou "pagamentos facilitados". Preste atenção, pois é assim que começam os subornos. Você provavelmente ficará chocado – e deve ficar mesmo.

Talvez ouça de habitantes locais frases do tipo "Não se preocupe, é assim que as coisas funcionam por aqui". Alguns colegas podem fazer vista grossa depois de anos de pressão para vencer a concorrência. Seja como for, mantenha-se firme. Vire as costas, tape os ouvidos, faça o que for preciso, mas não se deixe corromper.

No curto prazo talvez você perca algumas transações para empresas que "entraram no esquema". Mais tarde, porém, acabará sendo recompensado por se tornar o padrão máximo de integridade. E o seu perfil de risco – e a sua consciência! – ficará muito melhor por isso.

Sobre essa questão, Vindi Banga diz: "Basta um erro para destruir décadas de uma reputação construída cautelosamente com base em procedimentos éticos." Líderes devem ser implacáveis ao desmascarar e punir os corruptos. "O mais importante é que eles sejam reconhecidos como implacáveis", acrescenta ele. Não faz sentido penalizar subornos na surdina.

Por fim, no que diz respeito ao gerenciamento do risco global, a melhor e mais importante recomendação é: arregace as mangas e trabalhe duro.

Coloque as mãos na massa de verdade. Se você assumiu um cargo fora do país, não pode delegar suas atividades a intermediários, sobretudo no início. Outras empresas, consultores e similares se aproximarão com a seguinte proposta: "Conhecemos as pessoas, os costumes e os regulamentos da região, então que tal nos deixar facilitar a sua expansão?"

Alguns deles podem até ser úteis. Mas você precisa estar por perto enquanto eles fazem o trabalho. Considere a história de Bunny Williams, a renomada decoradora de interiores. Após quatro décadas atuando sozinha, em 2010 ela decidiu lançar a Bunny Williams Home, sua própria linha de móveis com uma ampla gama de artigos fabricados no exterior. Empreendedorismo de primeira: uma ideia de negócios totalmente nova, baseada na globalização!

De fato, a globalização dificilmente se restringe a grandes corporações. Muitos pequenos negócios operam fora do país. Alguns deles, como a empresa de Bunny, oferecem excelentes exemplos de como colocar as melhores práticas em ação.

Com os negócios indo de vento em popa, Bunny oferece o seguinte conselho: "É impossível lançar um empreendimento global via telefone ou internet", afirma. "Você precisa ir até lá, visitar as fábricas, criar laços com as pessoas, conversar com os produtores, vê-los trabalhar, embalar e encaixotar os produtos, debater a logística. Ninguém fará isso melhor do que você, porque ninguém se importa tanto com o seu negócio quanto você mesmo."

Enquanto montava a empresa, Bunny passou seis semanas por ano visitando as fábricas contratadas na China e no Vietnã. Para aumentar o controle sobre a qualidade da produção e da entrega, ela começou com pedidos pequenos em cada fábrica, cerca de 100 artigos por vez.

"Sou uma pequena empresária. Não posso chegar fazendo várias exigências. Mas posso fazer o dever de casa e me envolver em todos os detalhes", explica Bunny. "E isso leva tempo. *Tem que* levar."

Esse investimento de tempo não pode diminuir depois que o empreendimento estiver em plena atividade. Bunny ainda visita as fábricas no mínimo duas vezes por ano e passa dias inteiros discutindo com os gerentes e conversando com os operários que fabricam as peças. "É muito cansativo", admite ela, "mas vale a pena."

É isso que acontece quando você assume os riscos de forma realista. Além das medidas óbvias, como diversificar os locais de produção e se manter em conformidade com as normas legais e regulamentares, você precisa lidar com os detalhes e suar a camisa.

4. ESTAMOS APROVEITANDO AO MÁXIMO AS OPORTUNIDADES CRIADAS NO EXTERIOR?

O que você acharia de uma pessoa que foi a Nova York apenas para visitar a Estátua da Liberdade? Não passeou no Central Park nem assistiu a uma peça na Broadway? Louca, não é?

Só que é exatamente assim que a maioria das empresas lida com suas atividades no exterior. Os gerentes vão à Índia e montam uma central de atendimento. Ou vão à Indonésia e contratam uma fábrica de sapatos. E ponto.

Parecem ter uma visão muito limitada do negócio. Lançar um empreendimento global é caro e arriscado; pode levar anos para começar a dar lucro. No entanto, você pode acelerar isso expandindo para mercados próximos, desde que seja uma situação em que todos saiam ganhando.

Quando a David's Bridal contratou fornecedores chineses, por exemplo, tinha como objetivo baixar os preços e encurtar o prazo de entrega para os Estados Unidos. Mas a empresa logo percebeu que suas operações na China criavam condições econômicas para abrir novos mercados de exportação no Japão e no Brasil. De fato, cada vez mais organizações estão usando unidades de produção offshore como centros de operações para vender em escala global os artigos ali fabricados.

Outra forma de obter vantagem é capitalizando o que elas oferecem em termos de inovação.

Sim, inovação. Cada mercado estrangeiro em que você opera é um laboratório para a inovação. Bunny Williams, por exemplo, estava visitando uma fábrica no Vietnã quando notou um operário laqueando um produto local. "Achei tão bonito que, quando cheguei em casa, desenhei uma nova linha de móveis laqueados para eles produzirem", conta. "Foi um grande sucesso."

Da mesma forma, assim que a Unilever começou a comercializar xampus na Ásia, a empresa logo percebeu que a maioria dos consumidores não tinha dinheiro para comprar um frasco inteiro. Por isso produziu xampu em sachês, com quantidade suficiente para uma só lavagem, que poderiam ser vendidos por centavos. A ideia tinha potencial para outros mercados, então a Unilever lançou o produto no restante do mundo.

Resumindo: mercados globais revelam oportunidades não somente para exportação e fornecimento, mas também de aprendizagem e inovação.

Deixar uma chance assim escapar significa perder metade da diversão (e do valor) de qualquer empreendimento global.

Sabemos que existem inúmeros conselhos sobre como lançar um empreendimento global – opiniões de especialistas, diagnósticos de autoridades e histórias de veteranos em mercados estrangeiros, por exemplo. Nenhum tornará a globalização menos complicada. Nem os nossos conselhos. E como poderiam? Já é bastante complicado fazer negócios no próprio país.

Mas acreditamos que as quatro questões que ressaltamos demonstram como obter sucesso no mundo real com uma iniciativa de globalização: transforme cada parceria numa situação vantajosa para todos, envie para o exterior apenas os funcionários que tenham discernimento, coloque a mão na massa ao gerenciar riscos e pare de pensar nas suas unidades de produção offshore como simples unidades de produção offshore – elas são postos avançados de expansão e inovação.

A expansão global, quando realizada da maneira certa, pode ser extremamente recompensadora para os resultados financeiros e a inteligência coletiva de uma empresa.

5

PERCA O MEDO DAS FINANÇAS

Se você trabalha num centro financeiro, passa os dias em salas de reunião ou nos cubículos do setor de contabilidade da empresa, é um analista certificado ou se formou em ciências contábeis, este capítulo não é para você.

No entanto, se for um empresário que pensa na parte financeira com certo temor e talvez até repulsa, saiba que você faz parte de uma verdadeira legião. E não são só os recém-chegados ao mundo dos negócios que são acometidos pelo medo. Temos visto que as finanças também causam certa medida de pânico nos corações de alguns veteranos.

Quando falamos de finanças, não estamos nos referindo apenas ao básico. Receitas, despesas, lucro líquido – esses conceitos são simples e a maioria entende bem disso. Além do mais, depois de um ou dois anos, a maioria das pessoas já sabe quais números orientam o desempenho de suas respectivas unidades ou departamentos. Para o setor de produção, podem ser o giro de estoque e o custo unitário. Para o marketing, as novas contas, a retenção de clientes e o crescimento das vendas. Para a central de atendimento, podem ser o tempo de resposta, o número de chamadas perdidas e a retenção de funcionários.

O "medo das finanças" pode ser o embrulho no estômago que você sente antes de apresentar o orçamento para os superiores. Ou a suspeita de que você não é bom o suficiente em matemática para entender *realmente* o que significam todos aqueles números. Ou a sensação de estar perdido nas reuniões com diretores financeiros quando as siglas começam a se multiplicar.

Se os jargões financeiros parecem uma língua totalmente desconhecida para você, este capítulo tem como objetivo consertar esse "problema". Isso não quer dizer que você se transformará num especialista. O setor de finanças, como qualquer outra área, é um campo de conhecimento cheio de nuances, que pode levar anos para ser dominado.

Mas você não tem que ser fluente em francês para se divertir em Paris, certo? Precisa apenas conhecer os termos básicos para se virar e os nomes dos lugares que quer visitar. Esse conhecimento pode transformá-lo de turista perdido em visitante bem informado.

O mesmo se aplica às finanças. Com certeza haverá termos com os quais você definitivamente terá que se familiarizar, como fluxo de caixa, balancete e componentes do balanço e da demonstração de resultados. No entanto, o que você precisa mesmo é ter a seguinte mentalidade: "Quando se trata de finanças, meu interesse principal é sobre análise de variância."

Ah, nós adoramos a análise de variância – comparar números mês após mês ou ano após ano, ou compará-los às metas para examinar o que está ou não funcionando na empresa. Adoramos a análise de variância quando você está cogitando fazer uma aquisição, usando-a para avaliar as suposições que existem por trás das previsões. Adoramos quando, durante sessões de planejamento de longo prazo, a análise de variância é a força que impulsiona perguntas como: "O que faz você pensar que a concorrência ficará parada enquanto ampliamos nossa participação no mercado?"

Ao final deste capítulo, esperamos que você também esteja adorando a análise de variância. Porque ela é a parte que incentiva a investigar os números, esmiuçá-los, discutir o seu significado e avaliar quais portas eles podem abrir ou fechar. É a parte que o instiga a entender "os números" pelo que eles são: um meio de tomar as melhores decisões nos negócios.

Voltando a um dos fundamentos da liderança que apresentamos no Capítulo 1, a análise de variância é a parte das finanças que *busca a verdade*. É a discussão que, acima de qualquer outra, revela o mundo real em todas as suas oportunidades, seus riscos e sua complexidade. Funciona ao mesmo tempo como um holofote e um microscópio, uma ferramenta tão útil que a única coisa de que você deveria ter medo é do que vai perder se não usá-la.

SUA EMPRESA É SAUDÁVEL?

Antes de nos dedicarmos aos componentes dos relatórios financeiros importantes para a análise de variância, vamos fazer um pequeno adendo.

É muito comum as pessoas nos perguntarem: "Como gerente, com quais números eu deveria me importar mais?" ou "Qual índice financeiro me oferece a melhor leitura sobre a saúde geral da minha organização?". Às vezes, depois dessas perguntas, vêm as seguintes questões: "É o retorno sobre investimento ou o retorno sobre vendas?", "É o índice de liquidez imediata?", etc.

Como seria fácil se o bem-estar de uma empresa pudesse se resumir a um só número!

Obviamente isso não é possível, mas, quando você está administrando um negócio – uma lojinha familiar ou uma multinacional –, existem três indicadores fundamentais que são muito úteis: comprometimento dos funcionários, satisfação do cliente e fluxo de caixa.

Nenhum negócio, grande ou pequeno, consegue ter sucesso a longo prazo sem funcionários entusiasmados, que acreditam na missão da empresa e sabem como alcançá-la. É por isso que, no mínimo uma vez por ano, o nível de comprometimento dos funcionários deve ser avaliado por meio de pesquisas anônimas, o que permite que as pessoas se sintam à vontade para dizer o que pensam.

Entretanto, tenha cuidado: é comum que essas sondagens se tornem meros questionários inúteis, limitando-se a perguntar sobre a qualidade da comida do refeitório ou a quantidade de vagas no estacionamento. Não permita que a empresa caia nessa armadilha. Investigue como os funcionários se sentem sobre os rumos estratégicos do departamento e quais são as suas expectativas com relação à carreira. Faça perguntas como: "A organização reconhece o seu trabalho e lhe dá oportunidades de crescimento?", "Na sua opinião, suas atribuições cotidianas estão alinhadas ao que seu chefe afirma nos relatórios anuais?", etc. As melhores pesquisas com funcionários se propõem a responder uma questão fundamental: "Estamos todos alinhados?"

Como observamos no Capítulo 3, o crescimento é o segredo para a viabilidade de qualquer empresa a longo prazo. Por isso a satisfação do cliente é o segundo sinal vital. A melhor maneira de avaliar esse indicador é por meio do número de visitas aos clientes, e não só aos seus "bons" clientes. Os gerentes devem ir até os clientes cujos pedidos andam diminuindo, aqueles que os próprios representantes de vendas não suportam. Faça dessas visitas uma oportunidade de aprendizado. Encontre várias formas de perguntar: "O que podemos fazer para melhorar?"

Além das visitas, recomendamos também o uso do Net Promoter Score (NPS), o sistema que avalia o grau de satisfação dos clientes criado pelo consultor Fred Reichheld. O NPS se concentra na pergunta: "Considerando uma escala de 0 a 100, qual a probabilidade de você indicar nossa empresa/produto/serviço a um amigo ou familiar?"

As empresas favoritas dos norte-americanos, como Amazon e Apple, costumam ter um índice NPS de cerca de 70 pontos, ao passo que o setor de TV a cabo beira os 30.

O NPS não só é um ótimo método de obter um feedback direto dos clientes – ele também possui um excelente benefício extra.

Usamos o NPS a cada trimestre para avaliar a satisfação dos alunos em nosso programa de MBA. Seu aspecto de "boletim" oferece um roteiro de comentários qualitativos valiosos que deixam a nossa equipe em polvorosa e, felizmente, também nos dá motivos para comemorar.

No fim das contas, o NPS avalia a satisfação do cliente, mas, ao mesmo tempo, quando líderes o utilizam para resolver os problemas indicados pelos clientes, ele também aumenta o nível de comprometimento dos funcionários. Ou seja, é duplamente útil.

Para concluir, outro indicativo da situação de uma empresa é o fluxo de caixa, que, como já falamos, também é um dos termos que você precisa conhecer se pretende um dia se sentir confortável quanto às finanças.

A boa notícia é que não é complicado.

As empresas costumam demonstrar o fluxo de caixa segmentando-o em três áreas:

- Atividades operacionais – é o dinheiro relacionado às operações habituais da empresa (basicamente, subtrai-se da receita toda e qualquer despesa).
- Atividades de investimento – reflete os principais ativos comprados ou vendidos, além de perdas ou ganhos obtidos em aplicações no mercado financeiro.
- Atividades de financiamento – representa o novo patrimônio líquido, dividendos em espécie e mudanças na situação de endividamento da empresa.

O que você realmente deve saber é que o fluxo de caixa nunca mente. É ele que diz em números concretos e brutos quanto dinheiro saiu, quanto entrou e quanto a empresa tem. Por isso muitos gerentes e investidores gostam mais de se basear nele do que no lucro líquido para avaliar a lucratividade.

O lucro líquido é obtido a partir do relatório de lucros e perdas, que, por sua vez, é repleto de suposições e julgamentos. O fluxo de caixa, por outro lado, oferece uma ideia da margem de manobra da empresa. Assim, você sabe se pode devolver dinheiro para os acionistas, liquidar dívidas, pedir novos empréstimos ou tudo isso junto. O fluxo de caixa ajuda você a entender e a controlar o destino da empresa.

Sem dúvida, há diversas maneiras de medir o pulso de um negócio. Gostamos dessas três porque apontam para a direção certa, dando uma boa noção da saúde dele.

Só que não são suficientes. Não bastam para sustentar um argumento nas reuniões com o seu chefe, em que os números são a atração principal e você é solicitado a apresentar um orçamento ou uma proposta de investimento, por exemplo. Ou ainda numa reunião em que é você que precisa avaliar um orçamento ou investimento.

Afinal, é nesse contexto que grande parte das transações ocorrem, certo? Em reuniões, quando todos estão pensando sobre gráficos, cálculos e estimativas, e os slides não param de surgir um atrás do outro, como carros alegóricos num desfile.

Nessas sessões, não basta ser espectador: é preciso participar da conversa. E pode apostar que você será plenamente capaz disso.

BALANÇO GERAL

Toda corporação tem um balanço, mas, a não ser que trabalhe numa pequena empresa ou startup em que dinheiro vivo seja um fator determinante, você poderia passar a sua carreira inteira sem nunca ter que pensar muito no assunto.

É compreensível, uma vez que só se interessam pelo balanço aqueles que estão preocupados com a situação financeira da organização, que pensam em pedir dinheiro emprestado ou aprovar investimentos, digamos, para construir uma nova fábrica ou começar um novo negócio. Se a sua empresa for de capital aberto, o balanço também interessa a analistas financeiros e investidores, que estarão se perguntando, entre outras questões, se a empresa tem liquidez suficiente para fazer tudo o que está prometendo.

Para simplificar, o balanço apresenta um resumo dos ativos, passivos e patrimônio líquido dos acionistas de uma organização. Ao fazer isso, oferece um demonstrativo do que uma organização deve e possui, bem como do valor aplicado nela por investidores individuais e pelos mercados. É chamado de balanço porque mostra a relação de equilíbrio entre os ativos da empresa, de um lado, e os passivos e o patrimônio líquido dos acionistas, de outro.

Ativos podem ser qualquer coisa, dependendo do tipo de negócio. Geralmente, significam dinheiro, contas a receber, matéria-prima, imóveis, fábricas, estoque e propriedades. Alguns ativos são considerados "intangíveis", pois não se pode vê-los ou tocá-los. Eles não existem fisicamente, mas ainda assim são muito importantes para algumas empresas (credibilidade, patentes, licenças, direitos autorais, etc.).

Já os passivos, em termos leigos, são as dívidas: tudo que o negócio deve para terceiros, a longo ou a curto prazo. O patrimônio líquido dos acionistas é o dinheiro investido pelo dono ou donos, pelos mercados ou por ambos.

Isso é tudo.

Sério, acabou. Apenas tenha em mente que o balanço é um demonstrativo da "flexibilidade" financeira de uma empresa em determinado momento. Se você está lendo este capítulo – ou seja, se não entende nada de finanças –, isso é o mais importante que deve saber.

OS NÚMEROS CONTAM UMA HISTÓRIA

A demonstração de resultados, por sua vez, é outra questão totalmente diferente. Em vez de representar a liquidez, representa a lucratividade. Ou, para ser um pouco mais específico, apresenta quanto está sendo vendido, qual o custo dessas vendas e o que sobra no fim das contas.

E, quer saber? Nos negócios, ninguém consegue se ver livre dela. É claro que, em algumas empresas, se você não tiver um cargo alto ou for um colaborador independente, a demonstração de resultados não causará impacto no seu dia a dia nem atrapalhará você.

Mas tenha certeza de duas coisas: ela terá um impacto na vida do seu chefe e, inevitavelmente, na sua, caso você progrida na carreira.

Veja, por exemplo, a história de uma mulher que chamaremos aqui de Mary. Durante anos, Mary trabalhou numa grande empresa como perfumista – tinha MBA e mestrado em química. Depois de liderar algumas equipes com sucesso e demonstrar um talento especial para sugerir conceitos de publicidade para novos produtos, ela foi promovida a gerente-geral de outro departamento, de perfumes para o mercado de massa.

Antes disso, Mary, que estava substituindo um executivo que havia sido dispensado, tinha inúmeras ideias, como uma fragrância para gestantes, além de opiniões firmes sobre quais perfumistas da sua equipe tinham o olfato "antiquado" e por isso precisavam ser afastados. Ela também estava de olho num consultor do ramo que poderia ser contratado pela empresa.

Ah, sim, isso tudo aconteceu antes de Mary se reunir com a nova equipe para discutir o orçamento anual da divisão e traçar um plano de longo prazo.

Ou seja, antes de Mary ter um ataque do coração.

Não de verdade, é claro, mas o tipo de ataque que você tem como gerente quando olha para os números. Mary teve que lidar com a demonstração de resultados e viu que os custos de marketing do seu departamento haviam subido 5% ao ano nos últimos três anos ao passo que as receitas continuaram estáveis durante o mesmo período. Para piorar, seu antecessor havia previsto que a situação continuaria igualmente crítica.

"Bem, agora percebi por que ele foi embora", pensou Mary naquele dia. "Mas onde *eu* fui me meter?"

Ela "se meteu", como no caso de qualquer gerente, no meio de uma história. Isso mesmo: a demonstração de resultados conta uma história. Algumas vezes ela é assustadora; outras, só um pouco preocupante. Também pode revelar um momento propício para abrir o champanhe e fazer grandes planos. Seja como for, a demonstração lhe diz muito sobre os acordos que a empresa vem fazendo e como o negócio está indo.

É uma história sobre passado e presente, mas, acima de tudo, é um convite para conversar sobre o futuro.

Uma conversa longa e empolgante em busca da verdade.

TUDO É RELATIVO

Se você assimilar apenas um conceito deste capítulo, que seja o seguinte: os números não são feitos apenas para serem calculados. Os números devem ser comparados e, assim, iniciar uma conversa sobre *variância.*

Mas o que é variância exatamente?

Variância pode ser explicada como a diferença entre os resultados esperados no "planejamento" e os resultados obtidos na realidade (por exemplo, quando os custos com matéria-prima disparam em relação ao último trimestre). Também pode ser a diferença entre os resultados obtidos no passado e os resultados projetados para o futuro, como quando a projeção para o bom e velho Produto X é que as vendas subam de forma exorbitante ao longo dos próximos dois anos.

A variância pode ser praticamente qualquer mudança – positiva ou negativa – que você veja num relatório financeiro e o deixe perplexo, desconfiado ou curioso o suficiente para se perguntar por que aquilo está acontecendo.

Todo gerente tem seus números ou índices financeiros preferidos que procura acompanhar a fim de detectar variâncias. E isso faz sentido. Em qualquer negócio ou setor, com o tempo e a experiência você descobre quais são as tendências que mais provavelmente trarão boas notícias ou sinais prematuros de problemas.

É claro que a frequência com que você avalia suas variâncias "preferidas" está relacionada à natureza do seu negócio – ciclo curto ou longo, setor tecnológico, industrial ou de serviços. As equipes do McDonald's e do Burger King certamente avaliam as receitas diariamente. Já na maior parte dos negócios de ciclo longo, como fabricantes de turbinas para usinas de eletricidade ou aviões a jato, os gerentes normalmente analisam as variâncias mensal ou trimestralmente.

Dito isso, e com o objetivo de lhe dar algumas alternativas, achamos útil mencionar algumas variâncias que, pela nossa experiência e avaliação, provaram seu valor ao longo do tempo.

É sempre importante acompanhar números como vendas e lucro líquido, mas a verdade é que, em muitos negócios, quando você finalmente os vê, eles estão contando uma história sobre o passado. Portanto sua utilidade em revelar o futuro pode ser um tanto limitada.

Pedidos e número de funcionários, por outro lado, têm uma capacidade incrível de servir de indicativos para vendas e custos futuros. O aumento significativo na taxa de pedidos é uma boa notícia, mas quase certamente sinal de que o ritmo de produção e os custos gerais precisarão ser ajustados. O número de funcionários por função, por sua vez, que pode ser analisado mensal, trimestral e anualmente, é uma ótima forma de avaliar quais áreas da organização estão contratando e por quê. Esse indicador é, no mínimo, uma boa previsão de mudança na estrutura de custos.

Variâncias trimestrais na taxa da margem operacional e no índice de rotação do capital de giro são excelentes indicadores de eficiência. Obviamente, você quer que esses números sejam altos e melhorem de forma consistente.

No longo prazo, gostamos de avaliar de perto o retorno sobre o investimento e a participação no mercado. Um aumento no primeiro deixa os investidores felizes, ao passo que o segundo é um reflexo da satisfação do cliente, cuja métrica já comentamos.

Mencionamos os números que julgamos ser mais úteis. O mais importante, porém, é que, se você não é da área financeira mas precisa lidar com os números da empresa, é na análise de variância que deve se concentrar.

Não importa se está numa reunião informal avaliando um investimento, se participa da revisão do orçamento ou de uma sessão de planejamento geral de longo prazo. Sempre volte o foco para as variâncias. Use-as para desvendar a verdade sobre as suposições, as esperanças, os medos e os interesses das pessoas.

INVESTIGUE SEMPRE

Vamos retomar por um instante o caso de Mary, a gerente do negócio de perfumes. Como você deve se lembrar, o primeiro encontro dela com as finanças do seu novo departamento revelou um histórico alarmante de custos de marketing em crescimento contínuo e receitas estáveis.

A reação dela foi perfeita. Com a equipe toda reunida, ela se pôs a esmiuçar a questão. Dar atenção aos mínimos detalhes é uma das funções da análise de variância: você precisa pegar os números, desmembrá-los, questionar de onde eles vieram e por quê, discutir em que serão empregados e como isso será possível. Ou seja, investigue tudo.

No caso de Mary, a conversa logo se voltou para os elevados custos de marketing do departamento. Não demorou muito para que as pessoas ali reunidas apontassem o ex-chefe como culpado – mais especificamente, o projeto de estimação dele focado em mídias sociais.

"Ele deveria ter se pagado em 18 meses", afirmou o diretor financeiro, sarcástico. "Ainda estamos esperando o retorno."

"Bem, quem está encarregado do projeto agora?", retrucou Mary. "Ele ainda está previsto no orçamento. Quem ficou responsável por avaliar a eficácia dele?"

A resposta: ninguém.

Mary imediatamente convocou uma força-tarefa, incluindo alguns dos presentes, para determinar se a campanha deveria permanecer ativa, ser encerrada ou modificada.

A revelação de que aquele era basicamente um projeto órfão gerou um duro debate, que durou horas, sobre o orçamento de marketing e o redirecionamento estratégico. Se fosse cancelado, questionou Mary, em que deveriam investir a verba liberada? Deveriam revertê-la para mais publicidade em revistas ou para o desenvolvimento de novos produtos? "E se não fizéssemos nenhuma das duas coisas?", alguém sugeriu. "Nosso mercado gira em torno de perfumes de celebridades. Ou adquirimos nomes de peso, ou estamos condenados."

Nem todos concordaram com essa afirmação, mas Mary quis ouvir todas as opiniões. Essa também é outra parte inerente da análise de variância: buscar a verdade a partir de todos os pontos de vista.

Mary e a equipe também investigaram por que as despesas de vendas e administrativas só aumentavam. "Precisamos mesmo de oito pessoas no RH?", perguntou ao chefe do departamento.

O diálogo que se seguiu gerou uma conversa produtiva sobre o papel do RH em descobrir, desenvolver e reter grandes talentos, já que alguns achavam que o departamento não estava fazendo isso e que talvez pudesse ter uma equipe mais enxuta, porém com melhores talentos.

A análise de variância realizada naquele dia gerou um debate acalorado sobre fontes de receita mal aproveitadas. "Analisando o histórico da empresa, percebemos que as nossas melhores taxas de crescimento ficaram entre 3% e 4%", disse Mary à equipe. "Essa deve ser a meta para o ano que vem, e gostaria de pedir que vocês trouxessem ideias arrojadas para duplicar esse crescimento em até 36 meses. Na próxima reunião, vamos discutir o que precisamos fazer para concretizar isso e identificar os obstáculos a esse desafio."

Muitas vezes conversas desse tipo causam conflitos. E o debate que elas geram pode ser incômodo. Mas isso não é ruim. Na verdade, é até bom. Buscar a verdade não é um passeio no parque.

Talvez seja exatamente por isso que a análise de variância torna os negócios melhores e mais inteligentes. Ela mantém o seu negócio alinhado. Mas o processo com certeza será turbulento.

Portanto, você não precisa ser um gênio em matemática para entender os números e lidar com a parte financeira da empresa. Precisa, sim, ser incansavelmente curioso acerca das variâncias que revelam a situação real do seu negócio, o rumo que ele está tomando e a velocidade em que tudo está acontecendo.

Você não pode se contentar em entender siglas e jargões durante as reuniões. Entender de finanças deve significar ser capaz de usar os números para chegar à verdade.

Porque a verdade o libertará para tomar todas as boas decisões estratégicas nos negócios: decisões baseadas em hipóteses sólidas, que examinaram todas as alternativas possíveis e foram além das aparências.

Seja qual for a sua função na empresa, esteja você na linha de frente de vendas, no setor de produção ou no RH, tomar boas decisões é uma responsabilidade sua.

Para isso, você não pode ter medo dos números.

Com a análise de variância, eles podem até se tornar seus aliados.

6

MAIS MARKETING

Algumas décadas atrás um de nós cursou uma faculdade de administração. A primeira aula do curso foi de marketing, e o caso a ser analisado envolvia cobertores de algodão Fieldcrest.

A questão é que os cobertores de algodão Fieldcrest não mudaram muito nesse meio-tempo.

O marketing, sim. E muito.

Aqui estamos falando de marketing orientado para o cliente. Ele se tornou mais digital. Mais global. Mais social. Mais móvel. Experimental. Específico. Local. Humano. Ah, poderíamos continuar para sempre...

Graças à enxurrada de avanços na tecnologia e nos estudos de comportamento dos consumidores, o admirável mundo novo do marketing vem se tornando cada vez mais admirável e novo. É por isso que, neste capítulo, além das fronteiras do marketing, também discorremos sobre seus fundamentos.

Nosso objetivo aqui não é transformar você numa autoridade em marketing. Somente o tempo e a experiência (e talvez alguns erros ao longo do caminho) poderão fazer isso. Mas, com este capítulo, esperamos ajudar você a fazer as perguntas certas, seja qual for o seu papel na organização ou o tipo de negócio em que está inserido. Queremos que você tenha uma cadeira cativa – e uma voz – à mesa do marketing.

Hoje em dia, assim como acabamos de demonstrar detalhadamente para o setor financeiro, o marketing pode parecer tão complexo quanto misterioso, com termos específicos e siglas usados aos montes por um exército crescente de "gurus" digitais. Muito certamente você já deve tê-los ouvido alardear seus insights "revolucionários" e "orientados por dados" e suas promessas. De acordo com a nossa experiência, alguns desses autointitulados especialistas são muito inteligentes e de fato têm conhecimentos relevantes a compartilhar. Mas muitos deles fazem com que o marketing pareça uma espécie de feira exótica, em que cada barraca tem alguém tentando lhe vender uma solução mágica ou propondo-se a fazer adivinhações.

Paralelamente à revolução tecnológica no marketing, o comportamento dos consumidores também mudou: eles estão mais sofisticados do que nunca, dedicam atenção às mensagens por menos tempo, ignoram propagandas. Pesquisas demonstraram que muitos consumidores desenvolveram uma "cegueira" em relação à publicidade, ou seja, enquanto navegam na internet, nem mesmo *olham* para as áreas em que os anúncios podem aparecer. Além disso, confiam muito mais nos comentários de outros consumidores – em sites ou mídias sociais – do que em algo que possa ser identificado como conteúdo de marketing elaborado por empresas.

Não é de espantar que o marketing esteja constantemente se reinventando – é uma questão de sobrevivência.

Mas o que queremos dizer é o seguinte: você não pode deixar que a cacofonia que cerca o marketing o distraia do que realmente importa: o produto certo, no lugar certo, com o preço certo, apresentado pela equipe certa.

Isso não muda.

TESTADO E COMPROVADO

Tentamos ao máximo passar longe de explicações acadêmicas. Elas costumam ser muito... Bem, acadêmicas. No entanto, vamos abrir uma exceção aqui.

Desenvolvido em 1960 pelo professor E. Jerome McCarthy, da Universidade de Michigan, o Modelo dos 5 Ps ainda é uma forma muito útil e aplicável de explorar o marketing orientado para o cliente. Talvez por isso tantos programas de MBA, inclusive o nosso, continuem a usá-lo. (Na verdade, o modelo original tinha apenas 4 Ps, mas outros acadêmicos adicionaram o quinto nas décadas seguintes. Mais adiante, vamos deixar de lado os 5 Ps e debater sobre os princípios do marketing empresarial, ou B2B.)

Resumidamente, o Modelo dos 5 Ps afirma que a eficácia do marketing é uma questão de fazer as escolhas certas sobre o *produto*, a *praça* (canais de distribuição), o *preço*, a *promoção* e, por fim, as *pessoas*, ou seja, a equipe de suporte organizacional.

Considerando todas as transformações tecnológicas e no comportamento do consumidor, não é de espantar que a conversa em torno dos 5 Ps também tenha mudado consideravelmente desde a época de McCarthy.

Mas não sobre o primeiro P, produto.

Um excelente produto sempre foi, e provavelmente sempre será, a maior jogada de marketing. Mesmo com o advento recente do Big Data, das mídias sociais, da otimização para mecanismos de busca e da transparência de preços. Mesmo com comerciais supercriativos dignos de um Oscar.

O fato é que a melhor forma de aplicar o marketing é vendendo um produto desejável que vai melhorar a vida do consumidor de alguma forma. Isso nunca vai mudar.

É claro que uma empresa pode promover exaustivamente um produto que está abaixo desse padrão, mas uma iniciativa desse tipo acabará saindo cara e, com o passar do tempo, se tornará insustentável.

Você não pode promover um produto medíocre para sempre. Mas pode criar produtos que façam os consumidores considerarem "essenciais". É por isso que, não importa qual seja o seu negócio, a melhor estratégia de marketing sempre começa no departamento de pesquisa e desenvolvimento. Começa com o aperfeiçoamento contínuo dos produtos ou com a invenção de novos, que sejam irresistíveis e empolgantes, com recursos e benefícios realmente úteis.

Isso valia em 1960, continua valendo hoje e ainda será válido daqui a cem anos.

Na verdade, quando falamos sobre o primeiro P, o principal fator com o qual as empresas precisam se preocupar hoje é que o mercado é muito mais vasto e concorrido do que nunca. Os cobertores Fieldcrest costumavam ter três concorrentes, todos americanos. Hoje, a Fieldcrest possui milhares deles, muitos operando em escala global, vendendo por meio de uma variedade de plataformas, on-line e off-line.

A proliferação de produtos e canais de distribuição tem uma grande implicação para o marketing orientado para o cliente, e ela está relacionada ao custo de se destacar na multidão. Quanto maior a concorrência, mais difícil e mais caro fica empurrar o seu produto. É por isso que atrair clientes por meio de recursos extras, benefícios e história da marca do produto é tão fundamental hoje.

Então, se você por acaso participar de uma discussão acalorada sobre planos de marketing em que as pessoas estiverem debatendo as vantagens de diversas abordagens, faça as seguintes perguntas:

Estamos vendendo um produto medíocre ou essencial?

Estamos investindo em resultados bons ou excelentes?

Estamos "empurrando" o produto porque na verdade não conseguimos atrair clientes?

Se a resposta a qualquer uma dessas perguntas for preocupante, você ainda pode seguir em frente e lançar a sua campanha de marketing. Mas não se engane: logo você e sua equipe estarão de volta à estaca zero, falando sobre o P que vem primeiro.

O LUGAR CERTO

Algum tempo atrás, nossa filha se mudou para Los Angeles por conta do trabalho, então pensamos em lhe dar um tapete para decorar seu novo apartamento.

Simples, não? Ledo engano. Existem pelo menos 30 lugares em que se pode comprar um tapete bonito e relativamente barato perto do apartamento dela na cidade, além de umas 300 lojas on-line. Com tantas opções, quase desistimos. Até que encontramos uma loja que cobria o preço de qualquer tapete vendido on-line. A promessa foi cumprida e compramos o tapete. Mas, logo antes de sair, perguntamos ao vendedor: "Como vocês ganham dinheiro assim?" Ele suspirou e respondeu: "Às vezes, não ganhamos."

Lembre-se dessa história – e das que você mesmo vivenciou – quando você e sua equipe debaterem acerca da seleção dos canais de distribuição, o segundo P do marketing (praça).

Há exceções, claro, como quando a Apple lança um novo smartphone, um novo restaurante já badalado é inaugurado ou um filme muito aguardado é lançado. Nesses casos, os consumidores vão esperar por horas e pagar quanto for necessário, sem reclamar.

No entanto, de modo geral, com o passar do tempo os consumidores desenvolveram expectativas muito altas. Sabem exatamente o que querem, quando querem (geralmente, rápido) e quanto querem gastar (o mínimo possível).

Atenção: isso não significa que você precisa atender a todas essas expectativas.

Isso só precisa acontecer se valer a pena para sua empresa.

Parece óbvio, não? Mesmo assim, no calor da batalha, enquanto a concorrência empurra os produtos por todos os canais de distribuição conhecidos pela humanidade, é fácil começar a pensar que você também precisa se tornar onipresente se quiser sobreviver.

E, de fato, às vezes precisa mesmo. Talvez você tenha que vender o seu produto a preço de custo, ou até com perdas, para manter a visibilidade da marca ou um distribuidor importante feliz. Mas, pela nossa experiência, circunstâncias assim são raras. Isso costuma acontecer apenas porque o marketing tem mais poder dentro da empresa ou é mais persuasivo do que o setor financeiro.

Vamos esclarecer as coisas: quando estiver discutindo sobre "praça", não pergunte: "Em quantos canais devemos entrar para alcançar o máximo de visibilidade e carteiras?" Na verdade, o que você deve questionar é: "Quais canais devemos escolher para vender o máximo de volume e obter o máximo de lucro?"

Ok, acessibilidade é importante. Você ouvirá esse argumento repetidas vezes na empresa e ao longo da sua carreira; às vezes, você mesmo o usará.

Entretanto, quando se fala em praça, nunca deixe que a discussão fique tão acalorada a ponto de se afastar da verdade fria, pura e perene da questão. Lucratividade também é importante.

DINHEIRO... E BOM SENSO

Agora é a vez do terceiro e provavelmente mais objetivo P do marketing: o preço.

Não que haja uma fórmula infalível para estabelecer corretamente o preço de seu produto ou serviço. Isso não existe. Na verdade, as reuniões intermináveis que você já precisou aturar devem ter mostrado que raramente há consenso quanto ao impacto que o preço representa para os consumidores. Conversas desse tipo podem se tornar verdadeiramente hostis.

Mas não se preocupe. Normalmente essas discussões sobre o preço podem ser bastante úteis para trazer à tona questões estratégicas fundamentais. Que tipo de consumidores queremos atrair? Nossos produtos são meras cópias? Nosso mercado é muito restrito?

No fim das contas, depois que as conversas sobre estratégia se esgotam, resta apenas uma pergunta quando o assunto é preço: "Por que não fazemos um teste?"

A era de tentar adivinhar o preço correto está morta e enterrada. A tecnologia acabou com ela. Testar preços é fácil. Rápido. Geralmente barato. E confere uma nova e poderosa flexibilidade ao negócio.

Veja o exemplo da RealReal, um portal que vende roupas de luxo e joias para mulheres por consignação. Uma das melhores práticas da RealReal é a utilização incansável de dados de acompanhamento de clientes para ajustar os preços de acordo com a oferta e a procura. Por exemplo, se um vestido é publicado no site por 360 dólares às 11 horas de uma terça-feira e não tiver sido comprado até as 13 horas mesmo depois de ter tido 700 visualizações, o preço cai 8%.

Há algoritmos diferentes para cada produto, dia da semana e horário, e eles são constantemente aprimorados para refletir o que foi mostrado em testes anteriores.

Não leve em consideração os números apresentados; são meramente hipotéticos. O que queremos explicar é que estabelecer preços hoje é uma questão de identificar quanto você quer cobrar – em função dos custos e da marca –, identificar o preço que você acredita que os seus clientes desejam e esperam pagar e então testar em que ponto as duas coisas se encontram.

De certa maneira, é o que as empresas sempre fizeram. Mas agora você pode colocar esse método em prática de forma muito mais rápida e produtiva. Você pode fazer melhor.

HORA DO SHOW

Se você já ficou com os olhos marejados por causa de um comercial, então é porque conhece o poder do quarto P do marketing: a promoção, ou propaganda.

Criar uma mensagem que atraia o público é muito difícil. Nos tempos atuais, o desafio é ainda maior, pois os consumidores tratam com indiferença o ruído onipresente do marketing e ficam na defensiva quando percebem que podem estar sendo manipulados.

No entanto, qualquer empresa que deseje sobreviver precisa vender seus produtos. Como quebrar essa barreira?

Gostaríamos de sugerir duas abordagens. Você mesmo pode ajudar a implementá-las se for um profissional de marketing. Se não, pergunte se essas abordagens estão sendo aplicadas pelo setor ou pela agência contratada. De uma forma ou de outra, você estará agregando valor a uma das coisas mais importantes que uma empresa deve fazer: contar sua história.

A primeira abordagem se chama “experimentação sem compromisso”.

Porque uma promoção bem-sucedida não é mais só uma questão de “ser criativo”. Como no caso do preço, é preciso *testar* a criatividade.

Um gerente de marketing – que chamaremos aqui de John – trabalha numa empresa que desenvolve produtos de treinamento on-line para a área de RH. Em parceria com uma agência digital, ele testa diferentes slogans e argumentos de venda, experimentando-os em vários sites, com layouts e imagens adequados para cada segmento de mercado.

De vez em quando, John fica muito empolgado com algo especialmente criativo. Pouco tempo atrás, por exemplo, ele se apaixonou por um anúncio criado pela agência que dizia: “Transforme o RH na sua vantagem competitiva!” Ao mesmo tempo, ficou decepcionado com outra proposta: um rapaz com o polegar erguido e a seguinte *tagline*: "Simplifique o treinamento para o RH."

Ao longo das semanas seguintes, a agência publicou os dois anúncios em sites diferentes, em horários diferentes, em tamanhos diferentes – ou seja, em todas as combinações possíveis. Ao mesmo tempo, reutilizou um anúncio de dois anos antes que oferecia um desconto em compras feitas antes do final do ano.

Os resultados foram claros. Independentemente do canal ou do período de tempo que as peças ficaram no ar, o anúncio do rapaz com o polegar erguido foi o vencedor incontestável, gerando mais *leads* (dados de clientes em potencial) e aumentando as vendas. O segundo mais bem-sucedido foi o do desconto (que John achara "feio" e "destoante", aliás). E o da "vantagem competitiva"? Ficou em último na pesquisa.

John se irritou um pouco, mas depois entendeu a realidade da situação. Obter as soluções mais criativas hoje é uma questão de abrir mão do seu ego e aprender a aceitar os dados. Antigamente, esse papel era realizado pelos grupos de discussão, que ofereciam muitas informações úteis. Ainda vemos alguns deles por aí, embora os testes em plataformas digitais os tenham tornado quase obsoletos.

Então o modelo de marketing baseado no "gênio criativo" também está obsoleto? É claro que não. Antes de tudo, alguém precisa criar as ideias que vão ser testadas. E o fato é o seguinte: sempre haverá certa magia na criação das grandes mensagens de marketing, que tocam e sempre tocarão o lado emocional do consumidor. Mas tudo isso só valerá a pena se gerar resultados. Os testes servem para isso.

Portanto, instigue a sua empresa a fazer experimentações sem compromisso. Os resultados começarão a surgir a partir daí.

A segunda abordagem que recomendamos está relacionada à primeira: é o que chamamos de "experimentação com um elemento surpresa".

Como já falamos, boa parte dos consumidores tampa os ouvidos para o marketing. Você pode até tentar atrair a atenção deles com um megafone. Às vezes dá certo – ou então não teríamos comerciais de colchões e joias passando na televisão de madrugada.

Mas há uma alternativa: abordar os clientes em potencial de forma inesperada e de um jeito que, no mínimo, eles achem interessante.

Isso requer inovação.

É engraçado. As pessoas costumam acreditar que a inovação pertence ao departamento de pesquisa e desenvolvimento, onde os gênios da tecnologia inventam aplicativos, softwares e funcionalidades cada vez mais avançadas.

Mas a inovação cabe ao marketing também. É preciso ser inovador no que se diz, em como se diz e onde se diz.

Essa é a grande e inexplorada fronteira da promoção, e é aí que você deve se concentrar.

Veja o que está acontecendo com o marketing experimental, em que são criadas "experiências" para o consumidor como forma de aumentar a visibilidade, o potencial de compartilhamento, o valor da marca e, é claro, as vendas.

O marketing experimental não é nenhuma novidade: os primeiros artigos e livros sobre o assunto começaram a surgir em 1998. Mas, nos últimos anos, ele vem se tornando uma verdadeira fonte de inovações.

A fabricante de bebidas energéticas Red Bull domina essa prática como nenhuma outra empresa, relacionando a sua marca a eventos de esportes radicais de forma criativa e empolgante. Em 2012, eles elevaram as campanhas de marketing a um patamar nunca antes alcançado quando patrocinaram a Red Bull Stratos, cujo objetivo era transcender os limites humanos. Pessoas do mundo inteiro viram o paraquedista e *base jumper* austríaco Felix Baumgartner saltar de uma cápsula presa a um balão a aproximadamente 40 quilômetros de altura para quebrar a barreira do som.

Isso foi uma experiência – tanto para Felix, obviamente, quanto para todos que estavam assistindo. O Twitter quase explodiu com tantos comentários. Ninguém nunca tinha visto nada parecido.

Para o nosso foco aqui, foi tudo muito *surpreendente*.

Ora, é claro que a Red Bull patrocinou essa aventura para que um dia pudéssemos pensar: "Tenho uma reunião importante, acho que preciso de um Red Bull!" Mas o impacto do que vimos e sentimos durante essa envolvente campanha de marketing diminuiu a nossa resistência ao que era, no fundo, puro e simples marketing. Na verdade, fomos atraídos pela mensagem.

É assim que deve funcionar a promoção hoje.

Neiman Marcus patrocina desfiles de moda em eventos beneficentes.

Inovação.

A IBM oferece aos clientes conteúdo digital sobre as melhores práticas nos negócios.

Inovação.

Para promover a segunda temporada da série de TV *Suits*, a USA Network vestiu modelos masculinos com roupas idênticas e os colocou para andar de bicicleta pelas cidades de Nova York, Chicago e São Francisco.

Inovação.

O canal A&E promoveu a nova série *Bates Motel* instalando uma máquina de venda automática que oferecia brownies de graça "feitos por Norma Bates" em uma rua da cidade de Austin.

Bizarro, saboroso e memorável. Inovação pura e simples.

Em cada um desses casos, o setor de marketing estava fazendo experimentações com o objetivo de surpreender.

Isso é fácil de medir? Não. Funciona sempre? É claro que não. Mas as velhas técnicas também não têm garantia absoluta de acerto.

Experimente, provoque surpresa. Faça a seguinte pergunta: "Nossa mensagem está surpreendendo as pessoas de maneira positiva?"

Porque, quando se trata de promoção, o novo é a alma do negócio.

NENHUM PROFISSIONAL DE MARKETING É UMA ILHA

Não importa a função ou o setor: todos os funcionários de uma empresa deveriam se comunicar. Não há nada pior do que a existência de "feudos" para uma organização que busca sucesso e crescimento.

Com isso em mente, vamos abrir a discussão sobre o último P: a parte do marketing que envolve as pessoas.

Os profissionais de marketing não podem ficar ilhados, por mais tentador que isso pareça. A vontade existe; faz parte da natureza humana. As pessoas gostam de estar cercadas por outras que entendem o seu jeito de pensar e que compartilham as mesmas prioridades.

Mas esse isolamento é letal para os negócios. E também no marketing. Isso sempre foi verdade, mas ganhou mais destaque agora com a participação cada vez maior da tecnologia no marketing digital e a importância da velocidade de informação.

Os feudos acabam com a velocidade. Acabam com as ideias. Acabam com o impacto de qualquer iniciativa.

Uma amiga nossa, que chamaremos de Sally, trabalha em uma empresa de softwares médicos extremamente dependente do marketing orientado para o cliente. Ela e a equipe têm muitas ideias criativas, mas poucas chegam a ser aproveitadas.

Para começar, o planejamento de marketing sempre precisa passar por uma semana de avaliação no departamento jurídico. Depois, fica mais uma semana no setor financeiro a fim de obter a aprovação das contas. Então é encaminhado para o gerenciamento de risco do departamento de TI. E, por fim, espera mais uma semana que a equipe de web design encaixe o projeto em seu cronograma de implantação semanal "fechado".

Ou seja, pelo menos quatro semanas separam a ideia da execução, tornando impossível, mesmo para o líder mais motivado, a missão de implantar algo novo – e, com toda a certeza, não a tempo de reagir a qualquer evento que mobilize as mídias sociais.

Agora, considere o que aconteceu na Oreo em 2013.

Apesar de ser um conglomerado internacional, a Oreo estabeleceu uma prioridade: sintonizar suas equipes internas para obter mais agilidade na relação entre os departamentos, de modo que a empresa estivesse em posição de capitalizar espontaneamente o tipo de acontecimento cultural inesperado e instantâneo que hoje pode surgir em um piscar de olhos. E, de fato, um desses instantes ocorreu durante o Super Bowl daquele ano, quando as luzes do estádio acidentalmente se apagaram durante o terceiro quarto.

Bem, não por acaso a Oreo tinha o diretor de marketing, o gerente de marca, o consultor jurídico e acionistas de peso sentados na mesma sala assistindo ao jogo. Em alguns minutos, eles conseguiram lançar uma campanha no Twitter com o mote: "You Can Still Dunk in the Dark" (Você ainda pode molhar o biscoito no escuro).

O resultado? Com um só tuíte – e custo zero –, a marca gerou 525 milhões de possíveis visualizações, superando de longe o número de pessoas que assistiram à partida. O tuíte foi notícia em mais de 100 países. Ganhou 14 prêmios de publicidade; a revista *Wired*, inclusive, declarou que o verdadeiro vencedor do Super Bowl foi a Oreo.

Essa história prova que as *pessoas* do Modelo dos 5 Ps não estão relacionadas apenas à posição do marketing dentro da empresa. É claro que o setor deve ter destaque, ao lado do financeiro e do departamento de pesquisa e desenvolvimento. Mas o mais importante é que o marketing trabalhe lado a lado com cada funcionário da empresa.

Mesmo que não seja o CEO ou um líder do alto escalão, você ainda pode defender essa estrutura e até trabalhar informalmente para que ela se concretize. Só precisa de coragem e disciplina para sair do "feudo". E, seja por meio de uma conversa ou de uma pergunta, convide os outros funcionários a se juntarem à sua equipe.

Porque, no mundo de hoje, o marketing é da conta de todo mundo.

E ISSO INCLUI O B2B

Nos últimos anos, o marketing empresarial (*business-to-business*, ou B2B, como costuma ser chamado) passou por tantas mudanças quanto o marketing orientado para o cliente (*business-to-consumer*, ou B2C), basicamente pelos mesmos motivos. Mais tecnologia. Consumidores e fornecedores mais inteligentes. Aumento da competitividade. Intensificação da transparência.

Novamente, não pretendemos que você se torne um especialista no assunto. Vamos apenas apresentar os princípios básicos para garantir seu lugar à mesa do marketing B2B. E eles são três:

As empresas precisam fazer de tudo para tornar a relação B2B muito, muito pessoal. Houve um tempo em que o B2B poderia muito bem ser chamado de marketing "cara a cara", uma abordagem mais informal em relação às vendas.

É claro que isso às vezes pode gerar desentendimentos sobre custos e datas de entrega. Você não encomenda materiais aos fornecedores sem questionar cada centavo gasto. Mas antigamente as relações B2B costumavam ser amigáveis e duradouras.

Então o mercado foi atingido por uma série de mudanças, como a concorrência estrangeira e a exigência de licitações. Quando falamos especificamente do setor industrial, nada abalou tanto o marketing B2B quanto o advento dos leilões on-line, que começaram a se popularizar há cerca de 20 anos. De repente, empresas que precisavam de 5 mil unidades de qualquer produto podiam obter fornecedores do mundo inteiro e colocar os concorrentes para brigar – e em tempo real ainda por cima.

"Era só ficar sentado em frente à tela enquanto o preço entrava em queda livre diante dos seus olhos", recorda Jim Berges, um executivo de marketing veterano que conhecemos há duas décadas e que atua no ramo industrial o dobro desse tempo. "Da noite para o dia, as empresas podiam comprar da China ou da Índia sem nem precisar ir até lá. Causou uma verdadeira histeria."

Com o passar do tempo, entretanto, muitas dessas empresas começaram a perceber quão limitados eram esses leilões on-line. O preço era ótimo, mas eles eram úteis apenas para determinados produtos, como commodities. Afinal, como você poderia levar a leilão um projeto bastante complexo, altamente personalizado e multimilionário?

Talvez por isso grande parte do marketing B2B atual tenha voltado às origens. Ou seja, os profissionais começaram a sentir necessidade de forjar relacionamentos sólidos, colaborativos e duradouros com seus clientes.

Como em qualquer relacionamento, a base deve ser a confiança. Os dois lados devem sentir que estão numa situação em que ambos saem ganhando. "Você precisa dar aos compradores algo como qualidade garantida, pacotes de serviços, conformidade com os requisitos e especificações do projeto – valores agregados que não são obtidos nos leilões", afirma Jim Berger. "Você precisa se tornar um parceiro. Tem que conhecer o cliente de verdade, e vice-versa."

O marketing B2B também tem que ser implacavelmente estratégico. O motivo é bem simples: às vezes algumas parcerias não são lucrativas para o fornecedor. Não fazem sentido financeiramente. Ou talvez até façam no curto prazo, mas não no longo prazo, ou vice-versa.

O que nos leva ao segundo princípio operacional.

Tudo que você faz no marketing B2B hoje precisa ser orientado por uma análise profunda das capacidades e das competências do setor. Vamos explicar por quê.

Como muitos setores estão mais consolidados na atualidade, com um número limitado de fornecedores e compradores, o marketing B2B nunca foi tão parecido com um jogo de xadrez. Cada movimento que você faz precisa levar em conta a reação desencadeada por ele na concorrência.

Veja, por exemplo, uma história de Jim Berges sobre o que aconteceu alguns anos atrás quando um grande varejista estava interessado em comprar novas unidades de refrigeração para todas as suas lojas.

Um pedido dessa magnitude só poderia ser atendido por três grandes empresas de engenharia, incluindo aquela na qual Jim trabalhava na época. "No mesmo instante, a equipe de vendas quis partir para uma abordagem incrivelmente agressiva", lembra ele. "É sempre assim. O pessoal de vendas quer fazer negócios de qualquer jeito, custe o que custar."

Mas o "custo", no caso, era importante. Se a empresa de Jim conseguisse o contrato com o grande varejista, isso liquidaria o principal concorrente. Bem, talvez não totalmente, mas "roubaria" metade dos seus negócios, liberando a capacidade de suas fábricas – com consequências terríveis.

"Na maioria das vezes, em setores consolidados, você não quer que um concorrente com grande capacidade e competência fique ocioso", diz ele, "porque certamente vão contra-atacar na próxima oportunidade, que pode ser o negócio que você *realmente* quer fechar, por conta da lucratividade."

A questão é que, no marketing B2B, é necessário escolher seus parceiros com sabedoria. O dilema entre crescimento e margem de lucro tende a aumentar nos setores mais consolidados e, quando os relacionamentos tendem a ser poucos e de longo prazo, geralmente faz sentido optar pela margem. Mas você só pode avaliar isso se estiver pensando de forma estratégica. Na área do B2B, é impossível vencer todas as batalhas por um cliente.

E esse também não deve ser o seu objetivo.

Tenha medo da Amazon. Nosso último princípio operacional se refere principalmente aos setores que não estão consolidados e se aplica sobretudo aos países em que a gigante vende muito mais do que livros.

Tenha medo da Amazon, aprenda com ela, adote o que quer que ela faça – e lute contra ela com tudo que tiver.

Muitos negócios ainda operam com catálogos volumosos como base. Catálogos que contêm centenas, ou milhares, de peças minúsculas de todo tipo. Se você trabalha no setor industrial, sabe do que estamos falando. Existem cerca de 6 mil variedades de pregos ou 6 mil tipos de soquetes de lâmpadas. A lista é interminável.

Talvez você ache que, a esta altura, a internet já teria acabado com esse tipo de catálogo B2B, mas, na realidade, nos lugares onde eles são relevantes, os catálogos ainda representam cerca de 60% das vendas. Isso acontece principalmente porque existe uma legião de compradores que ainda querem ligar para a central de atendimento e discutir os pedidos com um ser humano.

A Amazon, no entanto, não costuma deixar passar oportunidades e, nos últimos anos, tem se aventurado nesse território usando sua tática habitual de oferecer preços, opções de frete e formas de pagamento tão vantajosos para os clientes que fica difícil para as outras empresas acompanharem. São vantagens arrasadoras!

Se você quiser continuar na competição, ofereça um serviço arrasador. Para sua sorte, seus funcionários certamente já sentiram o impacto da Amazon nas próprias vidas, então compreenderão por que você os pressiona tanto para melhorar o desempenho. O inimigo, por assim dizer, não poderia ser mais real.

Você pode sentir vontade de medir forças com a Amazon, mas acabará fracassando, por motivos óbvios. Seu melhor contra-ataque aqui seria oferecer aos clientes mais daquilo que a Amazon não pode: orientação, interesse genuíno e insight.

Sim, isso significa parceria.

Como já mencionamos, esse novo e interconectado universo on-line com certeza transformou o marketing B2B, só que ele está ficando cada vez mais parecido com o que era antes.

Talvez não cara a cara, mas ainda assim altamente pessoal.

Na década de 1980, o célebre inventor Edwin Land teria dito: "O marketing é o que se faz quando o produto não presta."

Land não está mais entre nós, tampouco a empresa que ele fundou, a Polaroid, que, ironicamente, foi vítima das mudanças tecnológicas e dos hábitos dos consumidores. É bem provável que a equipe de gerenciamento de produto não tenha conseguido encontrar uma forma de acompanhar essas transformações.

Mesmo assim, a frase de Land continua sendo um ótimo lembrete, ainda que um tanto cáustico, de que o marketing precisa partir de um bom produto, quer seja ele B2C ou B2B. Melhor ainda se o produto for excelente.

Uma vez que você tenha isso – o que já é meio caminho andado –, pode começar a descarregar todo o seu arsenal de marketing.

No caso do marketing orientado para o cliente (B2C), temos o lucro por meio da acessibilidade – a praça. Temos também uma proposta de custo bem testada e constantemente refinada – o preço. Uma mensagem que alcança os consumidores com precisão máxima e ainda aproveita para surpreendê-los – a promoção. E uma organização que integra profundamente o marketing a todas as demais funções – as pessoas.

No caso do marketing empresarial (B2B), temos a necessidade de forjar relacionamentos para minimizar os leilões, o que se baseia num pensamento estratégico sobre a capacidade e a competência do setor e sobre a concorrência.

Ainda assim, gostaríamos de propor uma pequena revisão da frase de Land.

O marketing, na nossa opinião, é o que se faz *depois* que se tem um *bom* produto.

E hoje você pode fazer mais do que nunca.

7

Gerenciamento de crises: Bem-vindo ao Coliseu

Em tempos "normais" o marketing já é intimidante o suficiente, mas agora vamos falar sobre como ele é praticado em momentos difíceis – um tema mais conhecido como gerenciamento de crises.

Com sorte, você nunca vai precisar seguir os conselhos que damos neste capítulo. Se bem que, considerando o Coliseu romano em que vivemos, é bem improvável que isso aconteça. Como o *The New York Times* observou recentemente: "Todo dia a internet exige a cabeça de alguém numa bandeja."

Esse alerta já não se aplica somente às grandes corporações ou aos líderes do alto escalão. Crises de relações públicas atingem todos os tipos de corporações, sejam elas novas, tradicionais, com fins lucrativos ou não. E isso faz com que, de repente, o olhar severo da opinião pública recaia sobre os funcionários de qualquer nível.

Você pode estar trabalhando numa empresa há dois anos quando alguém da equipe (que talvez você nem conheça) é acusado de ter adulterado os resultados de um importante relatório de pesquisa. Você pode estar administrando uma divisão em Chicago e ser envolvido em uma fraude cometida por um fornecedor em Atlanta. Não são apenas os cargos mais altos que são afetados pelas crises.

Antigamente, porém, uma posição elevada na empresa poderia protegê-lo. Isso não acontece mais, pois agora todos precisam entrar na arena com espada e escudo em punho.

Por causa da nossa área de atuação, já tivemos muitas oportunidades de opinar sobre o gerenciamento de crises. Dedicamos, aliás, um capítulo inteiro a esse assunto no livro *Paixão por vencer*, publicado em 2005. E, de fato, os conselhos presentes naquele livro permanecem quase inalterados, mesmo 10 anos depois. Há apenas uma ressalva.

Com o advento das mídias sociais, tudo que acontece com uma empresa ou um indivíduo durante uma crise se desdobra muito mais rápido. E com consequências mais drásticas. Apesar de todas as suas vantagens, as mídias sociais – e nós somos usuários e entusiásticos delas – tendem a transformar o mundo numa câmara de ecos histriônica e brutalmente hostil, propensa a reverberar más notícias até Timbuktu e trazê-las de volta antes que você possa balbuciar a frase "Você ficou sabendo?". Não é de espantar que Monica Lewinsky tenha comentado certa vez que a única coisa boa sobre o escândalo em que ela se envolvera é que ele aconteceu antes do Twitter.

As plataformas de mídia social não mudam a forma de gerenciar crises, mas tornam necessárias algumas orientações adicionais, que abordaremos a seguir.

Antes disso, porém, apresentamos um rápido resumo sobre os nossos cinco princípios originais para o gerenciamento de crises. Para atualizá-los, basta acrescentar a frase "Só que hoje é mais rápido e pior".

Primeiro, não importa quanto você tente contê-la, a crise vai crescer mais e atingir mais fundo do que você imagina. Ah, claro que haverá dias claros, dias de esperança, em que você pensará que talvez a história tenha deixado de ser novidade. Mas não se engane: as más notícias perduram até que tudo tenha sido exposto até os mínimos detalhes. Conter uma crise é, em uma palavra, impossível. (*Só que hoje...*)

Segundo, não há como guardar segredos neste mundo. Os advogados e os relações-públicas podem sugerir que você negocie com os envolvidos na crise em questão ou que compre o silêncio deles. Mas promessas, acordos e indenizações não são as melhores soluções. Se mais de uma pessoa souber sobre os seus deslizes, o melhor é enviar um release para as agências de comunicação. Porque, em se tratando de más notícias, é só uma questão de tempo até tudo vir à tona. (*Só que hoje...*)

Terceiro, a maneira como você irá lidar com a crise será retratada da pior forma possível. Vá em frente, conte o seu lado da história aos jornalistas. Eles podem até se mostrar solidários durante a conversa; afinal, é trabalho deles fazer você pensar que encontrou um aliado. Mas, no mundo empresarial, quando a sua corporação é o epicentro da crise, infelizmente você não receberá o tipo de cobertura que lhe dará o benefício da dúvida. (*Só que hoje...*)

Quarto, a crise afetará pessoas e causará transformações dentro da empresa. Ou seja, haverá derramamento de sangue. Pedimos desculpas pela metáfora violenta, mas é a mais pura verdade. Crises exigem mudanças. Algumas delas serão boas e saudáveis, como a implementação de novas formas de controle, modificações numa cultura danificada, etc. A questão é que, nesse processo, uma ou mais pessoas provavelmente terão que pagar pelo que aconteceu de ruim e o clamor das multidões não vai parar até que isso aconteça. (*Só que hoje...*)

Quinto, sua empresa vai sobreviver à crise e se tornar melhor e mais forte.

Nesse último princípio, não há necessidade de acrescentar um adendo. Ele ainda é válido. Porque a maioria das corporações consegue sobreviver às crises, mesmo às mais terríveis, e a experiência as fortalece.

Veja o caso da Under Armour. A loja de roupas e equipamentos esportivos passou três semanas sendo duramente criticada nas mídias sociais durante as Olimpíadas de Inverno de 2014 por causa de uma controvérsia sobre o design dos uniformes da equipe americana de patinação de velocidade, que muitos consideraram ter sido o motivo para seu fraco desempenho na competição.

As ações da Under Armour despencaram e o CEO Kevin Plank foi a público se defender. Dentro da empresa, o tumulto deve ter criado um clima de ameaça constante. De algum modo, porém, a batalha injetou novo ânimo nos funcionários.

A empresa reforçou seu relacionamento com a equipe de patinação de velocidade, renovando o patrocínio para os próximos Jogos Olímpicos, e logo em seguida lançou uma bombástica e aclamada campanha publicitária, além de uma série de novos produtos. Crise, que crise?

Dito isso, algumas vezes uma polêmica nas mídias sociais pode ser bem mais devastadora, a ponto de deixar empresas e indivíduos enfraquecidos por muito tempo. Na verdade, essa lista vem aumentando a cada ano que passa.

Seria difícil argumentar que isso tem acontecido porque os erros que as empresas e as pessoas andam cometendo são de alguma forma mais graves. Negócios e indivíduos sempre foram sabotados, difamados ou destruídos diante dos olhos da opinião pública. A diferença é que hoje existe o efeito multiplicador das mídias sociais, que faz cada erro (ou suposto erro) ser difundido mais rapidamente, parecer pior e mais chocante do que nunca.

Em um dia ruim, isso pode ser suficiente para que você sinta vontade de chutar o balde e se esconder numa caverna pelo resto da vida.

COMO SE PREPARAR PARA ENFRENTAR TEMPESTADES

Não tem como. Não adianta nem tentar. Não vai dar certo. Na verdade, a maioria das tentativas de agir discretamente nos negócios acaba saindo pela culatra. Passar despercebido é simplesmente impossível.

Então o que fazer? Bem, a resposta mais óbvia é tentar evitar as crises, e isso é em grande parte o que líderes procuram ao criar culturas saudáveis que promovam integridade e transparência. E, novamente, não estamos falando aqui apenas dos líderes em cargos mais altos, mas de todos eles.

Mesmo assim, a vida é imprevisível. Um dia você está sentado diante do computador e, de repente, uma enxurrada de e-mails entope a caixa de entrada, o telefone começa a tocar sem parar ou alguém entra no escritório e diz que precisa conversar com você imediatamente. Algo saiu errado. Algo importante. E, num piscar de olhos, você está com um abacaxi gigantesco nas mãos.

Para uma eventualidade dessas, aqui está um conjunto de técnicas de comunicação para você colocar em prática durante os períodos de calmaria, mais ou menos como um seguro contra furacões. Estas fórmulas não impedirão que uma tempestade o atinja, mas facilitam o processo de recuperação.

Armazene credibilidade para quando você precisar. Existem diversos motivos pelos quais uma empresa deveria agir com cidadania em sua comunidade e ser uma empregadora justa e transparente. Acrescente o gerenciamento de crises a essa lista. Conquistar amigos e defensores durante o período de normalidade pode aumentar suas chances de ter aliados que sairão em sua defesa durante uma tempestade.

Da mesma forma, algumas crises são pessoais – ou seja, *você* meteu os pés pelas mãos. *Você* estourou um prazo importantíssimo e perdeu um cliente crucial; aprovou uma campanha de publicidade fadada ao fracasso. *Você* é a crise, por assim dizer, ou pelo menos está bem no centro dela.

Assim, quanto mais credibilidade você tiver em seu banco de relacionamentos, melhor. Caso você se veja nos *trending topics* do

Twitter, não pense que alguém vai surgir para defendê-lo. Tenha isso em mente no primeiro dia do seu primeiro emprego; quando você parar por um instante antes de atender ao primeiro telefonema ou participar da primeira reunião. Lembre-se de que você colhe o que planta. Ou invoque a verdade aparentemente incontestável da escritora Maya Angelou: "As pessoas vão esquecer o que você disse, as pessoas vão esquecer o que você fez, mas nunca esquecerão como você as fez se sentirem."

Com palavras e atitudes, faça com que as pessoas sintam que você é tão bom e decente que não defendê-lo seria uma injustiça. Talvez isso não baste para impedir o massacre, mas, numa crise, pode ser tudo o que você tem a seu favor.

Tenha presença e uma voz pública forte e constante em múltiplos canais, mesmo que não tenha nada muito urgente para dizer. Em um mundo que não para de falar, você precisa participar ativamente da conversa. Sobretudo se estiver no comando de uma marca de consumo, uma crise não é bem o momento ideal para conhecer seus seguidores ou descobrir como sua voz é recebida.

Observe que falamos "múltiplos canais". É importante que suas comunicações sejam transmitidas por meio de todas as plataformas disponíveis durante o período de calmaria, pois, quando uma crise se instalar, tenha certeza de que seus adversários se ocuparão de rotulá-lo e atacá-lo exatamente onde você não estiver presente.

Isso também se aplica quando a crise é de ordem pessoal. Todos precisam de pelo menos um canal direto com o mundo. Twitter, Facebook, Instagram – escolha o seu. E não pense que você é "irrelevante" para a empresa ou que ocupa um cargo muito baixo para ter uma plataforma a seu dispor. Torça para nunca precisar. Mas, em caso de necessidade, ela deverá estar pronta para ajudá-lo.

A melhor coisa das mídias sociais durante uma crise é elas permitirem que você transmita uma mensagem direta, sem intermediários.

Não precisa mais se arriscar confiando num jornalista que repasse o que você quer dizer da forma correta, no tom que você pretendia, com as palavras que escolheu. Hoje não precisa haver ninguém entre você e o público. Você pode falar por si. E, se for autêntico e rápido o suficiente, e tiver seu megafone a postos em todas as plataformas disponíveis, isso pode funcionar muito bem.

Em 2013, quando uma foto mostrando um funcionário da Taco Bell lambendo uma pilha de tacos rodou a internet, a percepção que os consumidores tinham da marca sofreu uma deterioração vertiginosa no dia em que a história veio à tona. Mas a empresa agiu rápido: despediu o funcionário e explicou o ocorrido nas mídias sociais, garantindo aos consumidores que tudo não havia passado de uma brincadeira que fugiu ao controle; os tacos que apareceram na foto não seriam servidos aos clientes. Com tudo devidamente esclarecido, a marca voltou aos níveis de percepção anteriores à crise em apenas três dias.

A questão é: a Taco Bell estava pronta para reagir. E você?

Não comece uma crise sem querer ao demitir um funcionário da forma errada. Geralmente muitas crises são desencadeadas porque os gerentes fizeram alguma burrada. Assim, acabam criando delatores e críticos ferozes. Como? Eles não demonstram apreço pelos funcionários que estão saindo da empresa; não os tratam com o mesmo respeito de quando foram admitidos. Imagine como isso deve ser humilhante.

No Capítulo 8, falaremos mais sobre a melhor forma de dispensar as pessoas. Por enquanto, apenas lembre-se de que você deve fazer de tudo para evitar que um funcionário deixe a empresa se sentindo amargurado. Um dia ele pode mostrar a você que a mesquinhez, financeira e emocional, nunca vale a pena.

Apoie-se na única certeza que você tem: a de que isso também vai passar. Essa técnica só entra em cena quando a crise já se instalou. Você será alvo de mensagens de ódio, terá medo de perder o emprego, a reputação, os amigos. O barulho parecerá insuportavelmente alto e interminável. Você terá a sensação de que todas as pessoas do mundo estão olhando para você, pensando a seu respeito, dissecando a sua carreira e passando cada minuto da vida delas fofocando sobre sua queda humilhante.

Talvez elas até estejam fazendo tudo isso, mas achamos bem improvável. Ainda assim, saiba que isso vai passar. Sempre passa.

Todos seguirão em frente; você só não tem como controlar quando. A única certeza que pode ter é de que as coisas voltarão a ficar bem.

E atestamos: elas voltarão a ficar bem.

É claro que isso não acontecerá sem esforço. Você, a empresa ou ambas as partes precisam fazer o impossível para remediar a situação. Lute se for o caso, faça uma retratação se for a atitude mais correta, conserte o que estiver quebrado, substitua os funcionários ou mude os processos que causaram problemas. Faça uma faxina, areje o ambiente. Volte para o jogo.

Mas, enquanto coloca tudo isso em prática, não deixe que as mídias sociais acabem com você. Crises acontecem. Você pode se preparar para elas, e recomendamos enfaticamente que faça isso. Mas, mesmo assim, você não estará imune. Então, quando a crise se instalar, atravesse-a com os olhos bem abertos.

Quando menos perceber, você será #notíciavelha.

Parte II

A equipe

8

Liderança 2.0

Este é o capítulo em que pedimos que você esqueça (pelo menos temporariamente) a avalanche de teorias que já deve ter ouvido sobre liderança ao longo de sua formação e de toda a sua carreira. Considere a possibilidade de que a liderança se resuma, de forma geral, a dois fatores:

1. Verdade e confiança.
2. Busca da primeira e construção da segunda.

Neste capítulo, analisaremos como fazer isso – não de um pedestal, mas da altura em que as coisas acontecem. Porque a liderança, apesar de tudo o que já foi escrito sobre ela, não pode ser um exercício abstrato. A liderança se encontra nos detalhes ou, como sugerimos mais adiante, no que fazer (e no que evitar) em relação a ela.

Antes, porém, um pequeno lembrete. No Capítulo 1, argumentamos que o trabalho vira um martírio quando os líderes da organização não identificam uma missão inspiradora e não deixam claro quais condutas do dia a dia a tornarão realidade.

Atribuímos um termo para a conexão fundamental entre missão e condutas – "alinhamento" – e afirmamos que essa condição tende a ocorrer com muito mais frequência quando as pessoas são recompensadas por abraçarem a missão e promovê-la com sucesso por meio de suas condutas. Chamamos esse conceito de "consequências".

Também no Capítulo 1, listamos as cinco atividades de liderança essenciais que fortalecem o alinhamento:

1. *Coloque-se no lugar das outras pessoas* – importe-se de verdade com as pessoas sob seu comando e entenda o que as motiva.
2. *Pense em si mesmo como o "diretor-geral de significado" da empresa* – incorpore palavras e atitudes que ofereçam contexto e propósito para a sua equipe.
3. *Elimine os obstáculos do caminho da sua equipe* – livre-se da burocracia e de outros entraves que impedem que eles obtenham resultados.
4. *Seja generoso* – ofereça uma ótima recompensa às pessoas que tiveram um ótimo desempenho, seja financeiramente, por meio de promoção ou de elogios.
5. E, por último, *torne o trabalho divertido* – crie um ambiente de contentamento e celebração.

Você perceberá que essas atividades estão alinhadas com uma liderança baseada na verdade e na confiança. Isso também se aplica ao Modelo dos 4 Es e 1 P sobre o qual falamos bastante no livro *Jack definitivo: Segredos do executivo do século* para tratar de liderança. Segundo esse modelo, os líderes devem transmitir *energia*, ter a capacidade de *energizar* outras pessoas, *executar* ideias e possuir o *estofo* necessário para tomar decisões importantes – tudo embrulhado numa grande embalagem chamada *paixão*.

Em *Paixão por vencer*, sustentamos um modelo prático e formulamos oito regras de liderança. Dez anos depois, ficamos felizes em saber que todos os itens resistiram ao teste do tempo.

Os líderes ainda devem renovar e atualizar a equipe de vez em quando, no intuito de garantir que seus funcionários vivam e respirem a visão da empresa, bem como transmitam confiança e otimismo. Ainda precisam agir com transparência, ter coragem para tomar decisões difíceis e garantir que suas diretrizes resultem em atitudes. E, sem sombra de dúvida, ainda devem incentivar os funcionários a correr riscos e reservar um tempo para celebrar pequenas e grandes vitórias.

Mas a questão é a seguinte: a liderança baseada na verdade e na confiança é uma daquelas coisas na vida que são maiores do que a soma das partes. Mais do que tudo, é uma abordagem de grande alcance, um princípio organizacional, que orienta o que os líderes fazem no dia a dia, estejam eles em reuniões, avaliações de desempenho, sessões estratégicas, revisões de orçamento ou em todos os outros momentos entre uma coisa e outra.

A liderança baseada na verdade e na confiança é uma mentalidade e uma metodologia.

E, nos dias de hoje, ela pode e deve ser sua maneira de agir.

A VERDADE E SOMENTE A VERDADE

A verdade é uma coisa boa, certo? Quem discordaria disso?

Provavelmente, quase ninguém. Nem mesmo o líder cuja história nossa amiga Lauren nos contou quando ligou pedindo conselhos para lidar com uma crise na sua carreira.

Lauren, então com 34 anos, era uma analista financeira que trabalhava na mesma empresa de investimentos desde que havia se formado na faculdade. Suas atribuições envolviam pesquisa e, em grande parte, atendimento ao cliente. Um dia, o CEO anunciou que ia vender o negócio para os gerentes de cargo mais alto na hierarquia e se aposentar. E Lauren ouviu boatos de que ela talvez se tornasse sócia como parte da transição.

Mas, de repente, esses boatos cessaram e Lauren foi informada (por um colega) que o chefe dela é que impedira sua ascensão. Ela ficou tão ressentida que cogitou pedir demissão. "Eles vão perder muitos negócios se eu for embora", contou ela. "Os clientes me adoram."

Perguntamos a Lauren se o chefe compartilhava dessa opinião. Ela ficou calada por um instante, então desabafou: "Ele não quer que eu me torne sócia porque sou mulher. Ficou extremamente irritado quando passei a trabalhar meio expediente depois que tive meu filho."

Era por isso mesmo? É possível. Mas, quando a pressionamos mais um pouco, Lauren admitiu que não sabia qual era a opinião do chefe sobre o seu desempenho, antes ou depois da licença-maternidade, porque ele simplesmente nunca lhe dissera nada.

Lamentável.

E isso é lamentável porque avaliar regularmente o desempenho dos funcionários é responsabilidade de todo e qualquer gerente. Além disso, tenho certeza de que, se encontrássemos o chefe de Lauren num seminário de liderança, ele concordaria com a hipótese de que falar a verdade no trabalho é uma excelente medida.

Veja o exemplo de uma empresa do setor industrial que há décadas pertencia a um conglomerado que, para dizer o mínimo, era ausente. A corporação de repente se viu no centro das atenções dos seus novos donos, um fundo de *private equity* que queria saber todos os detalhes da administração do negócio. Eles pediram uma avaliação dos talentos da equipe, assim como um panorama do ambiente competitivo. Como podemos melhorar a nossa posição em relação à concorrência? Como podemos mudar o *jogo*?

Se essa tarefa tivesse sido passada em sala de aula, seria um milagre se os executivos da empresa em questão conseguissem tirar uma nota dentro da média. Ora, para todos os efeitos, havia anos eles tinham parado de buscar a verdade sobre o negócio, quando os próprios chefes pararam de se importar com isso. Como tantos outros, eles se habituaram a tomar o caminho mais fácil, evitando as conversas e as perguntas difíceis que levam ao processo de buscar (e encontrar) a verdade.

A verdade no sentido de dar um parecer sobre o desempenho dos funcionários e mostrar a eles especificamente como podem melhorar.

A verdade no sentido de falar sobre a real situação dos negócios e quais desafios estão por vir.

A verdade no sentido de investigar as pretensões por trás das estratégias, do orçamento e de outros processos. Cada reunião e cada conversa deve se tornar uma oportunidade de fazer a verdade vir à tona. Cada reunião e cada conversa deve terminar com a seguinte pergunta: "Alcançamos a verdade com essa conversa?"

Vamos falar da estratégia. Alguns anos atrás, Terry Leahy, ex-CEO da varejista britânica Tesco, afirmou que o ato de formular estratégias é "um exercício de busca constante pela verdade". Que definição extraordinária!

De fato, a abordagem dos Cinco Slides que descrevemos no Capítulo 2 depende da análise com o propósito de buscar a verdade. Quais são as *verdadeiras* capacidades da empresa? Quais são as *verdadeiras* condições do jogo?

Se você quer que sua estratégia dê resultado, responda a essas perguntas com rigor. Talvez essa palavra lhe dê arrepios, e deve mesmo. Isso não significa que você tenha que assistir a uma apresentação de um gerente com o qual você simpatiza e concordar com todas as suas afirmações taxativas sobre o crescimento do mercado, as reações da concorrência e os novos competidores. Rigor significa perguntar: "De onde saíram esses números? Com que suposições você está trabalhando? Que tipo de tecnologia poderia abalar tudo o que você está sugerindo, e quem pode criá-la?"

Caso você tenha se engajado na busca rigorosa pela verdade, não deve aceitar nada sem questionar. Em outro exemplo, se, durante a revisão da estratégia, o RH garantir que uma iniciativa de novas contratações gerará resultados dentro de seis meses, pergunte: "Tem certeza? Quais são as outras empresas que estão fisgando os talentos que estamos procurando? O que elas estão fazendo de diferente? Estamos conseguindo filtrar bons candidatos pelo LinkedIn? Já oferecemos um bônus aos funcionários para que eles nos ajudem a encontrar novos talentos? Nosso pacote salarial é competitivo em relação ao da concorrência?"

No fim das contas, a busca pela verdade é exatamente o que parece: uma obsessão por nunca se deixar convencer por suposições e garantias. Uma vontade de cavar cada vez mais fundo até que a verdade nua e crua esteja bem diante dos seus olhos, quer você goste dela, quer não.

Agora veja o orçamento. Em grande parte das empresas, esse é o maior desafio no que diz respeito à busca da verdade. Há manipulação de todos os lados, pois cada grupo luta pelo próprio objetivo. Os executivos querem reduzir custos e aumentar a receita, e fazem de tudo para conseguir isso. Acreditam que os líderes dos departamentos entram na reunião de orçamento na defensiva, baixando as expectativas para que possam obter um bônus mais alto ao superá-las. Nenhum dos dois lados medirá esforços para sair vitorioso.

Só que os números sempre acabam no meio-termo, não é? Pouco se fala sobre o que realmente está acontecendo no mercado, e menos ainda sobre o que poderia ser alcançado se as pessoas parassem de barganhar e começassem a discutir oportunidades. Tudo não passa de um grande exercício de manipulação e minimização.

No entanto, é impressionante quanto esse tipo nocivo de abordagem orçamentária está arraigado no mundo empresarial. Chega inclusive a acontecer nos fundos de *private equity*, em que os sócios dos fundos e os gerentes das empresas costumam estar muito mais alinhados do que nos ambientes corporativos em geral.

Afinal, no setor de PE, sócios e gerentes são proprietários de uma fatia considerável da corporação, portanto não faz sentido os gerentes pensarem que podem alavancar suas carreiras alterando os números.

Mesmo assim, normalmente as pessoas levam entre 12 e 18 meses para se livrar da mentalidade defensiva, em que o orçamento é o inimigo, e começar a falar honestamente sobre como os dois lados podem, *juntos*, promover o rápido crescimento dos negócios.

No momento em que isso finalmente acontece, abre-se um céu de possibilidades e positividade. Os funcionários começam a ter ideias e a sugerir iniciativas como "E se aproveitássemos parte do lucro no segundo semestre para investir naquele novo projeto de pesquisa e desenvolvimento?" ou "A aquisição das empresas X e Y talvez pareça ruim no curto prazo, mas pode ser um negócio muito bem-sucedido no futuro".

Quando a empresa se torna parte de um fundo de *private equity*, cria um ambiente totalmente novo. As reuniões de orçamento podem deixar de ser dolorosas. Escolhas, acordos e oportunidades devem dominar a pauta das conversas. Em vez de exercícios de minimização, elas se transformam em exercícios de maximização.

Além de empolgante, a mudança é altamente recompensadora. Porque, nos negócios, ter a verdade em mãos é um trunfo competitivo. Ela torna as empresas mais ágeis, mais justas e mais criativas; faz delas um lugar em que as pessoas querem trabalhar e onde todos dão o máximo de si.

Talvez você esteja pensando que não tem um cargo elevado o suficiente para que possa fazer da busca pela verdade o seu mantra. Acha que é arriscado demais, diferente demais. Mude essa mentalidade. As enormes vantagens e os resultados estimulantes que a verdade pode proporcionar se aplicam a qualquer líder, de qualquer nível, desde o chefe de equipe iniciante até o CEO. A liderança pode ser exercida sem ela, é claro, mas por que fazer isso?

O LUCRO GERADO PELA CONFIANÇA

Esperamos ter convencido você de que a busca pela verdade é a essência da liderança. Antes, porém, é preciso encarar uma realidade. Você nunca alcançará a verdade sem confiança. As pessoas nem sempre querem saber a verdade, mas tendem a confiar naqueles que preferem encará-la, exigi-la e exibi-la em qualquer situação. Então, vamos analisar uma lista sobre o que fazer (e o que evitar) para estabelecer uma base de confiança na empresa.

A primeira coisa é *se importar ao máximo com seus funcionários e o trabalho que eles executam*. Se essa sugestão parece familiar, é porque ela é parte essencial dos cinco princípios de liderança apresentados no Capítulo 1. Veja, por exemplo, os gestos de ser generoso e eliminar obstáculos. Ambos são formas proativas e inconfundíveis de transmitir esta mensagem: "Conte comigo para o que precisar."

Isso também acontece quando você defende os seus funcionários – especialmente quando eles estão na pior. É fácil encher a bola dos subordinados quando eles dão uma ideia sensacional e revolucionária ou apresentam números extraordinários para o ano. Mas, quando uma iniciativa fracassa, eles precisam que você venha a público e assuma a sua parcela de responsabilidade pelo fiasco também.

Caso um membro da equipe seja afastado por causa de um desempenho muito aquém das expectativas, ele precisa saber que você administrará as consequências com compaixão e dignidade.

Com frequência vemos acontecer justamente o contrário: o chefe sair correndo quando um subordinado é malsucedido ao se arriscar em algo que os dois aprovaram e ainda dizer a todos que sabia que não ia dar certo. É uma atitude horrível; o tipo de covardia que cheira a autopreservação e aniquila qualquer confiança. Na verdade, poderíamos dizer até que nada consegue azedar tão depressa a relação de um líder com seus subordinados quanto uma situação como essa.

Levar (ou não) crédito pelo trabalho alheio cai nessa mesma categoria. Você já deparou com um líder que rouba as ideias e/ou iniciativas dos subordinados e as apresenta aos superiores como se fossem suas? Não há nada mais desonesto do que isso. Se você é um líder que atua como intermediário de grandes ideias (e quem não faz isso?), deve *dar crédito a quem o merece.* Você ficará marcado pela integridade e, o que é melhor, sua equipe se empenhará em dar as melhores ideias.

O próximo passo para gerar confiança é algo que você já deve ter ouvido várias vezes: saber escutar. Todos dizem que saber escutar ajuda a tomar decisões melhores e mais embasadas. Concordamos com essa afirmação, mas o que mais ressaltamos nessa habilidade é que ela mostra que você respeita os seus funcionários.

Mas atenção: saber escutar é muito importante no dia a dia, e bons líderes fazem disso uma prática comum em reuniões de rotina e afins. No entanto, o que realmente funciona é *saber escutar quando isso é mais difícil* – durante uma crise, por exemplo, quando as más notícias não param de chegar ou, pelo contrário, quando você não tem informação nenhuma. Nessas situações, os nervos estão à flor da pele. As pessoas temem pelos seus empregos.

É preciso muita coragem para seguir em frente com a verdade e geralmente esse momento é permeado por grande tensão. Você, como líder, pode acabar se escondendo em reuniões com os superiores, isolando-se da sua equipe. É natural; você tem a sensação de que cada passo que dá pode ativar uma mina terrestre. Por outro lado, é justamente nessas situações que você deve criar oportunidades para que seus funcionários falem o que pensam. Talvez acabe escutando a verdade, mas para isso precisa se abrir para escutar o que eles estão sentindo. De uma forma ou de outra, ouvir essas opiniões sinceras – *convidá-los a falar* – faz parte do seu trabalho.

Agora considere outro exemplo. A empresa fez uma aquisição e você virou o novo chefe da equipe. Ninguém conhece você, e você não conhece ninguém. Também nesse caso seus subordinados estarão nervosos, imaginando qual será o futuro deles. Muitas pessoas pensam numa aquisição como uma sentença de morte; de repente, o chão desaparece debaixo dos seus pés.

Então você chega, começa a cuspir ordens e tomar decisões unilaterais para demonstrar autoridade. É claro que você pode se comunicar apenas com seus superiores; afinal de contas, seu emprego está em jogo. Você poderia contratar sua antiga equipe e partir de onde vocês pararam.

Por favor, não faça nada disso. Independentemente de ser uma crise ou uma aquisição, ou qualquer outra situação complicada, faça o possível para resistir a esses impulsos. Em vez disso, encontre uma brecha na sua agenda e deixe que os funcionários compartilhem opiniões e expectativas, de modo que você possa refletir a respeito.

Talvez você não concorde com tudo, mas dar voz às pessoas é o mesmo que lhes dar dignidade, o que, por sua vez, é um catalisador de confiança cujos efeitos continuarão a ser sentidos muito depois de a crise passar.

GERANDO CONFIANÇA EM TEMPO REAL

O papel do líder fica mais evidente durante as reuniões. Pelo menos era isso que deveria acontecer. É nesses encontros que temos chance de falar sobre o trabalho e sobre como ele será realizado, de compartilhar informações sobre a concorrência, reavaliar produtos, discutir sobre os últimos desenvolvimentos tecnológicos, analisar as contas da semana, etc.

Ainda assim, as reuniões costumam ser uma grande perda de tempo. É comum ver os participantes tomando a palavra a fim de passar as últimas informações do seu setor, uma atualização que poderia muito bem ser comunicada por e-mail ou por meio de um relatório impresso.

No entanto, reuniões são excelentes oportunidades para estabelecer uma base de confiança, caso você as aborde da forma correta – ou seja, se você incentivar um debate aberto e elogiar a coragem dos que dizem algo arrojado, que vai contra o senso comum e desafia as suposições habituais, além de repreender aqueles que gostam de intimidar para silenciar opiniões contrárias.

Veja o caso de John. O editor-chefe de uma revista on-line convocou uma reunião para falar sobre "publieditorial" – aquele anúncio que parece conteúdo editorial mas que você só percebe que não passa de uma peça publicitária depois que começa a ler.

Ora, os jornalistas em geral odeiam quando a publicidade se intromete na sua nobre profissão, então John esperava apaziguar a irritação crescente contra o lado comercial da empresa prometendo que o publieditorial nunca ocuparia mais de 10% do conteúdo do site – um acordo feito anteriormente com o diretor financeiro.

Esse anúncio foi recebido com animação pela equipe, que passou os 15 minutos seguintes falando mal do publieditorial. Mas pouco antes do fim da reunião, como primeiro gesto de boa liderança, John notou que Liz, uma das funcionárias do editorial, tinha sido a única a não se pronunciar. O segundo gesto foi convidá-la a falar. "Liz", disse ele, "não ouvimos o que você tem a dizer. O que acha disso tudo?"

A princípio, Liz recuou, mas John insistiu. Depois de hesitar mais um pouco, ela revelou: "Bem, na verdade, discordo de todos vocês. Acho que os leitores são inteligentes o bastante para saber a diferença entre publieditorial e conteúdo editorial, e eu diria até que a maioria aceita isso como parte da experiência on-line. Eles entendem o propósito."

O silêncio que se seguiu foi ensurdecedor. Mesmo assim, John instigou Liz a continuar.

E ela ainda tinha muito a dizer. Antes de se tornar redatora, passara anos trabalhando na área comercial de outro site de notícias.

Então, naquele dia, com o apoio de John, ofereceu aos colegas uma lição muito sensata sobre as consequências econômicas de não utilizar publieditoriais. Liz não parecia estar conquistando nenhum aliado, e, em determinado momento, um dos membros mais expansivos da equipe chegou a tentar silenciá-la, bufando e revirando os olhos.

John repreendeu essa atitude imediatamente: "Nick, pare com isso", disse ele. "Liz acabou de demonstrar algo que está em falta por aqui: franqueza."

Essa última observação, por sinal, é algo que chamamos de "gerenciamento de modelo de comportamento", uma ferramenta extremamente poderosa para uma mudança de cultura: o líder aponta (ou defende) o comportamento específico de um funcionário para que os demais o admirem e imitem.

Nunca é demais aplicar esse tipo de gerenciamento se você quer transmitir a importância de certos tipos de conduta. As pessoas realmente prestam atenção em elogios públicos – e em recriminações públicas.

O que queremos dizer com isso é que é necessário gerar confiança incentivando debates genuínos. Imagine o que teria acontecido se John não tivesse incentivado Liz a defender o seu ponto de vista. "John adora falar sobre como somos uma equipe", ela poderia ter pensado com amargura, "mas você só faz parte da equipe se concordar com a opinião geral."

Então, use o gerenciamento de modelo de comportamento – ou qualquer método que julgar necessário. As pessoas precisam saber que os debates não estão sob o controle de uma única voz. Se assim fosse, a busca pela verdade seria impossível.

O risco de silenciar um debate aberto, como sugerimos, é que os funcionários podem pensar que perderam o direito de opinar. Uma dinâmica muito semelhante ocorre quando líderes minam a confiança falando com seus subordinados sobre outros colegas. Essa atitude

– também conhecida como fofoca – deve ser evitada a todo custo. Ela acontece o tempo todo porque líderes são humanos e acabam ficando mais amigos de alguns funcionários do que de outros. Quando menos percebe, você (o líder) está no escritório conversando com Sam, com quem foi pescar no último fim de semana, e começa a reclamar do desempenho de Joe.

A princípio, Sam talvez até goste de ouvir isso. "Caí nas graças do chefe", ele pode pensar. Mas, depois de um tempo, ele vai perceber que, se você falou com ele a respeito de Joe, pode muito bem falar a respeito *dele* para outra pessoa.

Para que isso não aconteça, *não faça confidências aos funcionários e, em suas conversas públicas e particulares, deixe claro que estão todos no mesmo time*. Isso não significa que você não vai ser mais simpático com determinados subordinados – afinal, como já dissemos, você é humano –, mas que a sua equipe pode confiar que você não deixará que amizades resultem em injustiças.

Outra atitude que deve ser evitada para preservar a confiança é modificar uma história de acordo com quem está ouvindo. A questão é: todo líder precisa tratar com diferentes partes envolvidas. Não faz diferença se você comanda uma equipe e essas partes sejam o seu chefe, três colegas e alguns clientes ou se você é o CEO da empresa e as partes sejam o conselho de administração, analistas financeiros e jornalistas.

Não se deve adulterar a história contada para cada um desses grupos separadamente – ou seja, mudar a ênfase, o nível de otimismo ou os dados compartilhados. Líderes preocupados em gerar confiança *contam a mesma história para todo mundo, seja qual for a situação*.

Agir de forma diferente é como cometer suicídio profissional, ainda mais nos dias de hoje, quando a informação não tem fronteiras ou obstáculos. As pessoas ouvem tudo e estão sempre atentas a quaisquer variações, discrepâncias ou tentativas de maquiar os fatos.

Então, seja consistente – e veja como a confiança que você transmite será retribuída.

Por falar nisso, líderes muitas vezes são convocados para negociar com elementos externos, desde membros da comunidade local, passando por fornecedores e clientes, até sindicatos. É óbvio que a confiança torna essas conversas mais fáceis e produtivas, mas os líderes costumam ter uma mentalidade otimista demais: começam com uma posição irrealista ou acham que têm que vencer de qualquer jeito.

Negociações com elementos externos exigem empatia. Se você quer gerar confiança, *pare de olhar para o próprio umbigo e se coloque no lugar do outro*. Veja a situação do ponto de vista deles – leve em conta as suas histórias, as necessidades, os riscos que estão correndo e os seus valores. Pergunte a si mesmo: "Se estivesse sentado do outro lado da mesa, o que eu iria querer? O que estaria me incomodando? O que eu consideraria justo?"

É apenas abrindo a cabeça – e o coração – que um verdadeiro diálogo pode ser alcançado. E com um comportamento assim você investe em negociações futuras. Se você jogou limpo da primeira vez, a pessoa com quem estiver negociando vai esperar essa mesma conduta na próxima, o que é sempre um bom ponto de partida.

A última coisa que você deve fazer envolve o tema desagradável de dispensar funcionários. Obviamente, nenhum líder *quer* demitir alguém. Às vezes o subordinado acabou se tornando um amigo ou trabalha na empresa há muito tempo. Talvez você esteja com medo de que ele entre com um processo judicial por considerar a demissão injusta ou queira se unir a um concorrente para retaliar.

Seja qual for o contexto, dispensar um funcionário é quase sempre uma situação triste e desconfortável que pode abalar não só você e a pessoa afastada como também a equipe e até a empresa.

Se você é um líder, não há maneira mais rápida de piorar essa situação do que se distanciando dela. Você quer se livrar desse problema, mas não pode. Portanto, *assuma a responsabilidade por cada demissão*. Ou seja, precisa se responsabilizar por você (ou a empresa) ter cometido o erro de contratar o indivíduo; por ter sido incapaz de orientar o funcionário para que o desempenho dele melhorasse; e por garantir que o afastamento dele ocorra da forma mais delicada possível. Na verdade, quando você não dispensa uma pessoa da maneira correta, não é só a confiança do funcionário que você perde, mas também a da equipe inteira.

Portanto, tenha o máximo de cuidado ao lidar com demissões. Mas isso não significa empurrá-las com a barriga e ficar adiando para sempre. Aliás, uma das coisas mais cruéis que você pode fazer como gerente é permitir que um funcionário se torne um "morto-vivo": fique vagando pela empresa enquanto todos os outros o evitam, pois sabem que ele está prestes a ser mandado embora. Essa é uma situação terrível para qualquer pessoa.

Agora, se você estiver conduzindo avaliações de desempenho sinceras e verdadeiras, nenhum funcionário deverá ficar surpreso quando receber a notícia de que precisa iniciar o processo de desligamento. Em empresas que possuem sistemas de feedback eficazes, funcionários cujo desempenho deixa a desejar geralmente recebem um aviso de demissão com no mínimo seis meses de antecedência para que possam, inclusive, encontrar outro emprego antes mesmo de o processo ser concluído.

Infelizmente, é raro encontrar esse tipo de abordagem. As corporações costumam comunicar o afastamento e no mesmo dia pedir que o dispensado leve suas coisas e deixe a empresa. Essa é uma prática terrível – a não ser que se trate de uma questão de segurança. Mas, quer a sua empresa funcione assim, quer não, bons líderes tratam o desligamento de funcionários com toda a consideração.

É isso mesmo: demonstre pelo seu funcionário demitido a mesma consideração que demonstrou no primeiro dia dele, quando o apresentou à equipe, orgulhoso com a nova contratação. Resista ao impulso de sentir raiva do funcionário ou de culpá-lo pela situação. Acima de tudo, mesmo que ele tenha demonstrado um desempenho abaixo da média, seja o mais generoso possível no que diz respeito à indenização.

Dessa forma, você demonstra integridade, que será reconhecida pelo funcionário que sai e pela equipe que fica, aliviada por ter um chefe assim.

O mais curioso sobre esse assunto é que, antes de se tornar um líder, você conta os minutos para assumir o cargo: está louco para receber o reconhecimento, a responsabilidade e até o "poder" de conseguir conduzir o trabalho do seu jeito.

Então você consegue a promoção e dois dias depois percebe como o trabalho vai ser massacrante. Tudo bem, pode ser emocionante. Tudo bem, pode ser divertido à beça. Mas você precisará lidar com funcionários que demandam atenção, às vezes até mais do que o previsto. Com os concorrentes, que são mais numerosos e mais sagazes do que você imaginava. Com restrições orçamentárias, que vão impedir toda aquela flexibilidade com que sonhava. Com o desequilíbrio da economia e as mudanças tecnológicas, que parecem se abater sobre o negócio sem trégua.

O único antídoto é a simplicidade. A simplicidade de liderar por meio da verdade e da confiança. Buscar a todo momento a primeira enquanto constrói a segunda. Em cada decisão, em cada atitude.

A verdade exige determinação, um desejo pessoal implacável, um anseio por saber o que está realmente acontecendo dentro e fora da organização.

A confiança é um músculo que se fortalece pelo exercício diário. É uma disciplina esmerada por meio das interações com funcionários, superiores e colaboradores.

Combinadas, verdade e confiança são a chave do sucesso para qualquer líder.

9

Montando uma equipe campeã

Imagine-se como um gerente ou supervisor, ou como o líder de uma equipe na sua corporação. É segunda-feira de manhã. Você foi para o trabalho determinado a criar uma atmosfera que transmita verdade e confiança em tudo que fizer. Só que antes disso é preciso resolver alguns probleminhas, como preencher aquele cargo fundamental que já deveria ter sido ocupado há pelo menos seis semanas. Ou fazer algo *extraordinário* de forma a impedir que o melhor funcionário da equipe peça demissão para fundar uma nova e descolada startup de tecnologia.

Neste capítulo falamos sobre estratégias de ataque e defesa: contratações e retenções.

Ou seja, vamos falar sobre formação de equipes.

Todo líder sabe que grandes resultados são fruto do trabalho de grandes equipes.

Às vezes, uma grande equipe parece surgir de forma espontânea: todo mundo se encaixa no negócio, como se houvesse química. Mas, na maior parte das vezes, formar uma equipe é uma ação consciente, um processo deliberado. Vamos analisar seus componentes fundamentais.

TUDO SOBRE CONTRATAÇÃO

Grandes equipes são formadas por grandes jogadores. É por isso que contratar pessoas é tão importante. Pena que também seja extremamente difícil.

Por que é tão difícil? Principalmente por dois motivos. Muitas vezes as pessoas se saem muito bem na entrevista porém não dão conta quando o trabalho de verdade chega à sua mesa. Mas não culpe o funcionário: na maioria das vezes, o problema é com você, Sr. ou Sra. Gestor/a. Você meteu os pés pelas mãos, contratando o profissional que tinha a habilidade X quando na verdade precisava da habilidade Y. Ou não percebeu que o candidato demonstrava incapacidade para trabalhar em equipe.

Situações assim acontecem o tempo todo. Na verdade, se em 60% das vezes você conseguir fazer boas contratações e em 80% das vezes promover corretamente funcionários internos, você será considerado praticamente um super-herói.

Sabendo que é difícil contratar bem, não seja pego de surpresa quando cometer um erro. Tudo bem, você tinha certeza de que era o candidato perfeito. Mas, em vez de se sentir constrangido, admita que fez uma má contratação e pare de obrigar o novo funcionário a trabalhar feito um condenado para esconder o erro.

A tentativa de acobertar o "crime" acaba sendo pior do que o delito inicial. Acredite, seus chefes já passaram por isso, e você terá o respeito deles se encarar a verdade. Assuma o equívoco, afaste o recém-contratado e tente de novo.

Mas faça melhor da próxima vez. Comece com uma lista de pré-requisitos.

A maioria dos gerentes tem uma. O problema é que o processo de contratação é tão difícil que com o tempo acabamos elaborando listas que mais parecem reunir nosso histórico de erros, composto de qualidades em que os profissionais demitidos deixaram a desejar.

Não que estejamos criticando sua lista de pré-requisitos. Se você é experiente em contratações, já deve tê-la refinado bastante. Queremos apenas dizer que ela não é suficiente. Pelo menos, não é *precisa* o suficiente.

As melhores listas de pré-requisitos para contratação estão intimamente ligadas à missão da empresa. Na verdade, estão ligadas às *habilidades* e às *condutas* que você considera essenciais para concretizar essa missão. Sim, estamos falando do alinhamento.

De fato, há uma série de características "obrigatórias" que os gerentes procuram durante o processo de contratação. A integridade é uma delas, portanto inclua-a na sua lista – é um pré-requisito determinante, cuja ausência excluirá até os melhores e mais competentes candidatos.

Outros elementos fundamentais compõem a inteligência emocional: autocontrole, autoconsciência, motivação pessoal, empatia e sociabilidade.

Sem problemas até aqui, mas você não pode esquecer que, além de todas essas qualidades admiráveis, é essencial que as contratações tenham em vista as habilidades e as condutas que permitirão que a empresa concretize a sua missão. Essa é a mensagem mais importante que queremos transmitir quando o assunto é contratação.

Lembra que no Capítulo 4 falamos sobre globalização e ressaltamos o discernimento como uma característica fundamental para o funcionário que vai assumir um cargo fora do país? Definimos discernimento como uma combinação de sagacidade comercial, tato cultural, autoconfiança e sabedoria para avaliar quando insistir na maneira como a empresa funciona e quando fugir da regra por respeito à cultura e aos costumes locais.

Agora, imagine que parte da missão da sua organização seja a expansão global. Nesse caso, o que você busca nas contratações? Sim, a resposta é esta mesma: uma bela dose de discernimento.

Para usar outro exemplo, no Capítulo 1 falamos sobre a revolução que o CEO David Calhoun causou na Nielsen. Ele explicou que a reinvenção da empresa só foi possível graças à formação de um departamento quase inteiramente novo, cujos funcionários abraçaram as três condutas que ele e a equipe julgavam necessárias para transformar um conglomerado de mídia inchado e repleto de feudos numa organização ágil e altamente integrada. O sucesso da iniciativa comprova o acerto da decisão.

A primeira conduta era a receptividade, ou abrir a mente para novas ideias; a segunda, estar propenso a compartilhar essas ideias para além das fronteiras dos departamentos; e a terceira, ter capacidade de simplificar os dados para colegas e clientes.

Sem dúvida, no intuito de reformular a Nielsen, Dave contratou pessoas com outras características, como franqueza, compaixão, entusiasmo, etc. Mas podemos garantir que praticamente todos eles tinham essas três grandes qualidades das quais ele precisava. A Nielsen não teria alcançado tanto sucesso de outro jeito.

A questão é que boas contratações exigem disciplina. É preciso *saber* quais são as habilidades e condutas de que a organização necessita para vencer; *examinar* candidatos com cuidado para verificar se eles as possuem; e contratar *apenas* aqueles que se saírem bem nessa avaliação. Mesmo assim, talvez você erre de vez em quando. Faz parte. Mas, se for rigoroso, as chances de acertar serão maiores. Não improvise na hora de contratar.

Como em todos os conselhos, aqui também há adendos e ressalvas. Uma espécie de pasta com "sinais de alerta" que você deve carregar durante o processo de contratação. Nossa pasta teria as seguintes observações:

- Seja qual for sua lista de pré-requisitos que incluem as habilidades e condutas necessárias para o cumprimento da missão, não deixe de incluir o QI. Nos negócios de hoje, o campo de jogo não é equilibrado. Ele é mais favorável para as equipes que têm as pessoas mais inteligentes.

- A personalidade é importante. Bill Clinton contou certa vez que, em todos os seus discursos, pode haver 10 mil pessoas aplaudindo, mas ele sempre se concentra naquele único espectador emburrado na plateia. E passa todos os minutos tentando fazê-lo sorrir.

  Indivíduos mal-humorados, arrogantes, falsos ou desagradáveis sempre conseguem atrair mais atenção para si mesmos, certo? E, em um ambiente de trabalho, podem prejudicar a equipe inteira.

  É claro que, se um candidato tiver *exatamente* as habilidades tecnológicas imprescindíveis de que a empresa necessita, talvez você possa abrir uma exceção. Mas o profissional deve ser mesmo o suprassumo. Afinal, é impossível treinar alguém para que deixe de ser negativo. Mesmo assim, saiba que a negatividade de uma só pessoa pode contagiar toda a organização.

- Certos setores, especialmente os criativos, contêm uma quantidade maior do que o normal de pessoas... emotivas. Sabe, aqueles funcionários que adoram fazer um espetáculo, ser o centro das atenções. Para nosso azar, esses indivíduos costumam esbanjar talento, senão não apareceriam com tanta frequência como candidatos nas listas de possíveis contratações.

  O problema é que esse excesso de emotividade se expande até ocupar todo o espaço disponível, gerando intrigas, fofocas e dramas recorrentes. As pessoas se casam e se separam. Compram uma casa. A maioria dos funcionários sabe lidar com esses acontecimentos da vida compartilhando-os na medida adequada. Os mais dramáticos não conseguem viver sem uma plateia. Às vezes, seus talentos compensam os custos da perda de produtividade. Mas nem sempre.

- Em seguida, preste atenção nos indivíduos que são autoconfiantes demais. Uma quantidade saudável de autoconfiança é fundamental, é claro, além de uma fonte de resiliência. Só que, quando o candidato parece estar mais propenso a encher a própria bola do que a crescer na empresa, o alarme da arrogância começa a apitar. Não contrate pessoas assim.

- Por último, pergunte-se: "Eu *realmente* conferi as referências do candidato?"

  Na maioria das vezes, de fato não vale muito a pena se dar o trabalho de conferir as referências de um candidato. Ou ele escolheu a dedo alguém que vai enchê-lo de elogios, ou o executivo com quem você entra em contato usa a velha desculpa de que não pode falar sobre ex-funcionários.

  Não deixe por isso mesmo. Encontre alguém que realmente conheça o candidato. Então ouça o que dizem e o que *não* dizem. Caso você perceba um tom blasé nos comentários ou pouco detalhamento sobre conquistas e projetos bem-sucedidos, leve tudo isso em consideração.

  Por outro lado, lute contra o impulso de inventar desculpas para o desempenho anterior do candidato ("Ah, aquela empresa é uma bagunça; não deram o devido valor a Sam"). Não menospreze as referências dele, especialmente quando as informações não forem agradáveis. Se não fizer isso, quando ele começar a se embananar depois de três meses no trabalho, você terá apenas a si mesmo para culpar.

O LUGAR IDEAL PARA TRABALHAR

Vamos falar agora sobre o funcionário que quer sair da empresa para abrir uma startup descolada de fundo de quintal. Ou que quer trabalhar em casa e ter uma vida mais tranquila. Ou que foi seduzido pelo seu maior concorrente. Em outras palavras, vamos falar sobre retenção.

Muito já foi escrito sobre esse tema, o que para nós é surpreendente. Afinal, a retenção é simples: é uma questão de felicidade. Funcionários felizes se dedicam ao trabalho, são desafiados na medida certa, gostam dos colegas e dos clientes e se sentem motivados a ter um bom desempenho porque se importam de verdade com eles; são produtivos, colaborativos e estão sempre evoluindo.

Portanto eles ficam onde estão e continuam no jogo.

Não é simples? Então você só precisa garantir que seus funcionários se divirtam, que estejam cheios de esperança em relação ao futuro – da carreira e da empresa –, que se sintam realizados, desafiados e inspirados.

O *seu* trabalho é mantê-los felizes.

Por favor, não complique mais do que o necessário – nem se esqueça de onde isso começa.

Isso começa com dinheiro.

O dinheiro é muito importante para as pessoas, é óbvio. Você não pode comer reconhecimento. Não pode mandar os filhos para a faculdade com os lanchinhos oferecidos na copa nem com os brindes temáticos. É por isso que, como líder, qualquer que seja o seu nível na empresa, você precisa pagar bem e com base no desempenho. O valor da remuneração é um requisito básico tanto para a motivação quanto para a retenção – ou seja, para a felicidade.

Mesmo assim, é impressionante ver quantos líderes se esquecem disso, especialmente à medida que vão subindo na hierarquia. Não cometa esse erro. Ainda que tenha acontecido décadas atrás, lembre-se do que sentiu ao receber o primeiro aumento, o primeiro bônus. Lembre-se do entusiasmo, da sensação de pertencimento. Lembre-se também do dia em que recebeu a notícia de que o aumento não sairia ou de que não receberia o bônus que achava que merecia. Mais do que tudo, lembre-se de como esses acontecimentos fizeram você se sentir negligenciado.

Se você é chefe há pouco tempo, demonstre a generosidade que descrevemos no Capítulo 1. Talvez você não tenha nascido com ela, mas nunca é tarde demais para adquiri-la. Distribua aumentos, mesmo que o seu não tenha sido tão alto quanto você esperava. Fique feliz pelos funcionários. Afinal, você e eles estão no mesmo time.

Por mais impactante que o dinheiro seja, felizmente ele não é a única ferramenta de que a empresa pode dispor para aumentar o quociente de felicidade dos funcionários.

Você também tem o fator "uau".

Sim, "uau". Ou seja, um *ambiente* divertido, empolgante e fortalecedor. Um ambiente que faz as pessoas sentirem vontade de ir trabalhar.

Aliás, essa orientação não serve apenas para a alta cúpula. Na verdade, criar um ambiente "uau" é responsabilidade de *todo e qualquer* gerente – quer você seja o líder de uma equipe de três pessoas, quer esteja no comando de um exército de 3 mil.

Ok, mas como fazer isso?

O primeiro passo é entender que, cedo ou tarde, você vai acabar perdendo muitos dos seus melhores funcionários para novos empreendimentos, a menos que ofereça o mesmo que eles proporcionam, ainda que sem os salários polpudos: energia positiva, oportunidade para falar e ser ouvido, chance de causar impacto e eliminação da burocracia inútil e sufocante.

Ou a menos que estabeleça uma cultura que não se preocupa em prender as pessoas, mas em lhes dar liberdade. Uma cultura que oferece responsabilidade imediata, diversão e reconhecimento financeiro por grandes resultados. Uma cultura em que nenhum indivíduo se sente uma simples peça da engrenagem e todos entendem o valor de sua contribuição individual. Em que grandes ideias que não dão certo são admiradas por sua iniciativa em vez de punidas. Em que as pessoas são promovidas pelo bom desempenho mesmo antes de somarem o período de experiência considerado padrão. Em que os profissionais não precisam percorrer labirintos nem saudar pequenos generais para conseguir executar seu trabalho.

Em suma, essa cultura deve permitir que os indivíduos se sintam e ajam como donos do negócio.

Pode ser difícil imprimir uma cultura assim em empresas grandes e tradicionais – mas elas não são as únicas a resistir às mudanças. Já vimos como uma cultura empresarial equivocada pode sufocar organizações de qualquer tamanho e área de atuação. E entendemos que as maiores precisam de métodos de controle, especialmente na economia de hoje.

Apesar dos problemas, você não pode deixar que todo esse controle prejudique a criação de um ambiente "uau". Use a verdade e a confiança para desencadear a criatividade das pessoas e deslanchar processos. Aplique também o gerenciamento de modelo de comportamento. Quando alguém estiver contribuindo para que o trabalho da equipe seja mais divertido e empolgante, elogie essa pessoa em alto e bom som. E, se outro indivíduo estiver prejudicando o fator "uau", repreenda a atitude com a mesma intensidade.

No fim das contas, o que você deve querer como líder é criar um ambiente que lembre o mais fielmente possível a casa daquele garoto da escola onde todo mundo queria estar, porque era lá que estava toda a diversão. Onde você sempre poderia encontrar seus amigos. De onde você não queria sair nem quando dava a hora de ir para sua casa.

Você sabe o que queremos dizer. Construa para sua equipe um lugar onde todos são felizes, e você vai ser feliz também.

TODO APOIO AO RH

Mesmo que já tenha implantado um ambiente de trabalho "uau", você ainda pode fazer mais para desenvolver equipes campeãs. Aposte na diferenciação e dê mais poder ao departamento de Recursos Humanos.

As pessoas costumam implicar com o sistema da diferenciação. E, de modo geral, o RH é visto como algo antiquado e engessado.

Dois equívocos.

Vamos começar pela diferenciação.

Resumindo, a diferenciação é um sistema de avaliação de desempenho que incorpora a liderança baseada na verdade e na confiança. Pelo menos duas vezes por ano cada funcionário deve se reunir com seu gerente, que lhe entrega um documento, de preferência manuscrito, para que pareça mais pessoal. Na coluna da esquerda, ele lista os pontos positivos do funcionário; na coluna da direita, os pontos em que ele pode melhorar.

Então os dois conversam sobre como o funcionário está se saindo em relação às metas e em que medida ele está demonstrando as principais condutas exigidas pela empresa. No fim da conversa, o gerente faz uma avaliação bem específica: "Joe, você é incrível. Está entre os 20% melhores da equipe. Você tem um futuro brilhante aqui. Vamos lhe dar um aumento acima da média para refletir o valor da sua contribuição e quanto esperamos que você continue conosco. Obrigado."

Ou então: "Joe, você está se saindo muito bem, mas precisa melhorar em algumas áreas, e estamos dispostos a ajudá-lo nesse sentido. Seu desempenho está dentro da média, o que o encaixa no valioso grupo que compõe 70% da equipe, e seu aumento vai refletir essa realidade."

Ou, finalmente, algo como: "Joe, tenho más notícias. Como já conversamos, você ficou abaixo da meta nesses últimos seis meses.

Além disso, não compartilha ideias, uma de nossas condutas mais valorizadas. Você está no grupo dos 10% mais fracos, então não receberá aumento. Quero ajudar você a encontrar um emprego mais adequado ao seu perfil ao longo do ano que vem."

Os críticos da diferenciação costumam argumentar que ela é injusta, que é "cruel" demitir funcionários com um desempenho abaixo do esperado. Dizem ainda que ela é subjetiva.

Sério? Para nós, a diferenciação, na verdade, dá mais poder às pessoas. Permite que os funcionários saiam da escuridão da incerteza – tão comum em empresas mal geridas – e assumam o controle do próprio futuro.

É raro ver esse tipo de transparência e empoderamento. Há mais de uma década temos perguntado aos nossos ouvintes: "Quantos de vocês sabem qual é a opinião dos gerentes sobre o seu desempenho?" Com sorte, 20% da plateia levanta a mão. Normalmente, apenas 5% são capazes de responder. É ou não é desanimador?

Outra crítica bastante comum ao sistema de avaliação pela diferenciação é que ela destrói o trabalho em equipe. Como as vagas no grupo dos 20% são limitadas, supõe-se que os funcionários lutarão até a morte para garantir seu lugar nessa elite. Só que não é assim que funciona na prática.

A diferenciação se baseia no desempenho em termos de metas *e* condutas. Portanto, o gerente só precisa deixar claro que o trabalho em equipe é uma conduta valorizada e recompensada. Se quiser fazer parte dos 20%, precisa demonstrá-la. Caso contrário, não conseguirá entrar nem no grupo mediano dos 70%. Sabe qual é a consequência disso?

Exato. Trabalho em equipe.

Mas esqueça os críticos por um instante. Vamos nos concentrar no que realmente importa: como a diferenciação desencadeia o desempenho de alto nível ao criar um ambiente de meritocracia.

Bons funcionários são atraídos por esse sistema. Isso é fato. Pessoas inteligentes e talentosas sabem do seu valor, querem vencer e gostam de ficar perto de outras que compartilham desses sentimentos. Anseiam pelo reconhecimento financeiro e pessoal. Nenhum funcionário de alto desempenho quer trabalhar numa empresa em que ganha o mesmo salário que um colega descompromissado, que apenas cumpre horário. Isso parece injusto porque é injusto. É irritante.

Por outro lado, sabemos que a diferenciação não é perfeita. Nenhum sistema de avaliação de desempenho é perfeito. Mas, pela nossa experiência, a diferenciação é a melhor ferramenta disponível. Sua clareza é libertadora. Ela gera entusiasmo e oportunidades. Além disso, dá aos funcionários competentes motivos para sorrir – e para não querer sair.

UM NOVO CONCEITO DE RH

Em 2013, o jornal *The New York Times* publicou uma reportagem sobre como a maior parte das empresas do vale do Silício não tinha departamentos de RH, pois eram vistos como "inimigos da velocidade e da eficiência".

Infelizmente, com algumas exceções honrosas e de grande importância, o vale do Silício não está sozinho nesse sentimento anti-RH. Mas queremos tentar convencê-lo de que o RH não é opcional: sem um bom RH, a evolução das pessoas costuma ir pelo ralo. Isso é perigoso, pois a evolução é fundamental para a felicidade dos funcionários.

Mas também não vamos ser ingênuos. Sabemos muito bem por que o RH tem uma reputação tão ruim: a maioria das empresas costuma confundir os recursos humanos com a administração, como se fossem a mesma coisa.

Isso precisa acabar.

O RH administrativo cuida da folha de pagamento dos funcionários, providencia os crachás de identificação e gerencia os benefícios. No mundo ideal, essa parte do RH nem faria realmente parte do RH; na verdade, seria assimilada pelo departamento financeiro ou ficaria sob responsabilidade direta dele. Uma estrutura assim poderia libertar o RH para exercer seu verdadeiro papel.

O RH ideal se reporta diretamente ao líder e é composto de uma mistura saudável de profissionais com formação e experiência na área e gerentes sagazes, totalmente voltados ao desenvolvimento das pessoas, trazidos de todas as áreas da empresa.

A questão é que o RH precisa ter um grande estoque de credibilidade. Em vez de ser o quebra-molas que reduz a velocidade, ele precisa formar uma parceria com os líderes de equipe e os colegas de empresa, usando suas habilidades e seus insights para ajudar a gerência a identificar os funcionários que compõem o grupo dos 20% acima da média e os mais promissores dos 70% dentro da média, além de desenvolver oportunidades de treinamentos e tarefas desafiadoras para mantê-los empenhados e em constante crescimento.

O RH também precisa trabalhar de perto com os 10% que estão abaixo da média, facilitando a transição deles para um novo emprego e, ao mesmo tempo, garantindo que qualquer cargo importante possa ser preenchido com um recrutamento interno de forma rápida e bem-sucedida.

Resumindo, o RH não tem nada a ver com o administrativo. Tem a ver com pessoas, pura e simplesmente: descobrir, treinar, motivar e reter os grandes talentos.

Nada disso parece ser opcional, certo?

Para nós, o RH é o alicerce de uma empresa cuja prioridade máxima é o desenvolvimento de equipes e na qual bons funcionários se sentem entusiasmados em colaborar e dispostos a permanecer na empresa porque suas carreiras são importantes para outras pessoas além deles mesmos.

As funções de RH que descrevemos parecem pertencer apenas ao território dos CEOs, e é isso que muitas vezes acontece. Entretanto, se você administra um pequeno negócio ou o departamento de uma grande empresa, ou se estiver abrindo uma nova, inclua alguém de RH. Transforme um funcionário que tenha demonstrado talento com pessoas e que possua credibilidade num líder de RH cuja única função seja ajudá-lo a montar uma equipe campeã. Você não vai acreditar no impacto que isso causará.

Além disso, o impacto acontecerá exatamente onde mais importa: em como as pessoas se sentem em relação ao trabalho, às carreiras e à própria empresa. Qualquer que seja o seu nível hierárquico, o crescimento, o desenvolvimento e a felicidade dos funcionários são responsabilidade sua. Deixe que o RH o ajude a carregar esse peso.

Nada de bom acontece nos negócios quando você está sozinho no jogo. Como dissemos no início do livro, os negócios são o maior esporte de equipe que existe.

É por isso que você precisa ter os melhores jogadores ao seu lado. Em primeiro lugar, elabore cuidadosamente uma lista de pré-requisitos orientada pela missão, incluindo habilidades e condutas desejadas. Contratar já é uma tarefa difícil o bastante, portanto não improvise.

Assim que tiver as pessoas certas, crie um ambiente motivacional que as faça sentir vontade de ficar. Isso acontece quando você trabalha de forma incansável para construir uma cultura empresarial livre de burocracia e joguinhos políticos, incutindo nela o tipo de inovação e oportunidades que estimule os funcionários a se importarem e a contribuírem com a organização como se fossem donos.

Isso também acontece quando você usa a diferenciação para remover o véu da incerteza em relação ao desempenho esperado, dando a funcionários e gerentes o poder de controlar os seus destinos. A meritocracia é um sistema incrível nesse sentido.

E, finalmente, acontece quando você dispensa a parte administrativa das atribuições do RH e o libera para realizar sua verdadeira função: identificar talentos, construir carreiras e ajudar a forjar o tipo de equipe que transforma vidas e empresas.

Coloque tudo isso em prática e prepare-se para ouvir: "Uau!"

10

GÊNIOS, DESGARRADOS E LADRÕES

Neste capítulo, falaremos sobre três grupos de profissionais particularmente difíceis de gerenciar que são encontrados em quase toda empresa.

O primeiro é aquele formado pelos "gênios" – indivíduos cujo trabalho você não entende e não poderia fazer no lugar deles. Os "gênios" costumam transitar em níveis estratosféricos de complexidade tecnológica. São programadores, analistas de sistemas, engenheiros ou qualquer outro profissional cujo cérebro é uma verdadeira caixa-preta para você.

Antigamente, era muito raro ter um funcionário assim. Até assumir o cargo de chefe, você já tinha desempenhado quase todas as funções que encontrava ao longo do percurso ou sido exposto o suficiente a elas de tal forma que era capaz de compreender seus fundamentos.

Hoje, você pode galgar todas as posições do departamento de marketing ou financeiro até alcançar a chefia e então se ver no comando de técnicos e analistas de sistemas cujas contribuições podem determinar o sucesso ou o fracasso de uma organização.

O próximo grupo é o dos "desgarrados" – indivíduos que trabalham de casa, freelancers ou terceirizados. Apesar da natureza itinerante ou da falta de vínculos empregatícios, eles também fazem parte da equipe e, muitas vezes, são colaboradores importantes; só não estão *ali* de verdade. Como ficam fora de vista, é mais fácil esquecê-los.

Por fim, existe o grupo dos "ladrões". Já falamos sobre funcionários que cometem violações de integridade e esperamos que você tenha captado a mensagem. Lide com indivíduos assim de forma rápida, rigorosa e pública. Não faz sentido penalizar o mau comportamento em particular.

Desta vez, no entanto, não estamos falando desse tipo de ladrões, mas de funcionários que roubam seu tempo e sua energia, apresentam desempenho abaixo da média e vivem criando conflitos na equipe.

Não é nenhuma novidade o fato de que somos muito rígidos quanto a essas condutas que drenam a produtividade, mas talvez você fique surpreso com o que consideramos o "ladrão" mais perigoso, aquele que vive à espreita. Não se trata, na verdade, de um tipo de funcionário. É um sentimento: o medo.

Medo de perder o emprego; medo de que o setor entre em colapso; medo de uma recessão econômica. Se você é um líder, parte do seu trabalho é reconhecer que muitos funcionários vivem em constante estado de preocupação. E é seu trabalho também encarar isso.

ABRINDO A CAIXA-PRETA

Joey Levin ainda se lembra do seu primeiro dia como CEO da Mindspark, uma empresa de softwares que cria, comercializa e fornece dezenas de aplicativos. O ano era 2009, e até então Joey havia dedicado sua carreira à área de fusões e aquisições – primeiro no Credit Suisse, depois no conglomerado de mídia InterActiveCorp

(IAC), a controladora da Mindspark. E lá estava ele: o novo líder de uma empresa de softwares que empregava centenas de engenheiros de computação.

"Nunca vou me esquecer da cara que o diretor de tecnologia fez quando nos conhecemos. Ele estava bastante cético", lembra Joey. "Ele sabia mais sobre o assunto do que eu jamais saberia em toda a minha vida, e nós dois tínhamos consciência disso."

Depois de trocarem um aperto de mãos, Joey foi direto:

– Tenho muito a aprender com você e estou ansioso para começar.

– *Você* tem muito a aprender *comigo*? – perguntou o diretor ao novo chefe, incrédulo.

– Sim. Não entendo nada do que vocês fazem e quero passar a entender.

Naquele instante, recorda Joey, tudo mudou. "Lembro como se fosse hoje: todo aquele ceticismo sumiu e ele assumiu uma expressão aliviada, receptiva", conta. "Foi como se ele tivesse percebido naquele momento que poderíamos trabalhar juntos, e foi exatamente isso que aconteceu."

Hoje, Joey comanda uma divisão de 1,6 bilhão de dólares que engloba vários negócios da IAC (incluindo a Mindspark), mas sua parceria inicial com o diretor de tecnologia ainda serve como um excelente exemplo de como lidar com "gênios" de modo que todos saiam ganhando.

Mais uma vez, aí estão a verdade e a confiança.

A parte da verdade começa com a compreensão de que não deve haver mistérios no trabalho. Isso significa que os líderes não podem se cansar de fazer perguntas sobre o trabalho até que o compreendam em algum nível. Ao mesmo tempo, os "gênios" devem oferecer respostas e mais respostas até que isso aconteça – e de bom grado.

Às vezes, é preciso explicar o trabalho dividindo-o em partes menores, mais fáceis de entender. Joey Levin cita o exemplo de uma aquisição na qual trabalhou antes da Mindspark, em que o diretor de tecnologia explicou à gerência que a empresa precisava urgentemente de um novo centro de processamento de dados, no valor de 100 milhões de dólares.

O pedido foi inesperado, para dizer o mínimo.

Então a equipe gerencial começou a investigar mais a fundo, esmiuçando a proposta e analisando-a com o diretor. Fizeram perguntas como: "Por que precisamos comprar o imóvel?", "Por que o imóvel precisa ter tal localização?", "Que tipo de hardware vamos colocar lá?", "Qual será o impacto de cada peça de hardware em nossos resultados estratégicos?".

A última questão – relacionar o trabalho a resultados estratégicos – é especialmente importante na busca pela verdade. Afinal de contas, "gênios" da TI podem ser iguais a qualquer outro especialista na área: querem os equipamentos mais avançados para seus projetos favoritos. A diferença é que, quando outras áreas pedem dinheiro, geralmente é mais fácil entender do que se trata.

Então, resumindo, o exercício de busca pela verdade nessa empresa resultou num investimento de 20 milhões em TI, e não 100 milhões, e a situação da empresa não piorou por isso. Na verdade, segundo Joey, a solução mais em conta acabou se mostrando mais flexível e produtiva.

Já a confiança para gerenciar gênios vem, como aprendeu Joey Levin em seu primeiro dia na Mindspark, quando você demonstra respeito. E também quando você pode contar com especialistas que têm as características certas.

"Os melhores tecnólogos são bilíngues", explica Joey. São fluentes tanto no linguajar técnico quanto na linguagem dos negócios. Abraçam a missão e os valores da organização. Entendem quais atividades geram receita e custos. Preocupam-se com a concorrência. Sentem-se altamente responsáveis pelos números alcançados.

Tudo bem se a principal pessoa encarregada de um produto for um gênio da tecnologia, acrescenta Joey, o tipo de visionário que paira acima de questões práticas como perdas e lucros, etc. Mas o chefe dele não pode se dar a esse luxo. Gerentes precisam se importar com prazos, resultados financeiros e linhas de produtos. Devem ser analíticos e pragmáticos.

"O melhor diretor de tecnologia é aquele que pretende se tornar CEO algum dia", observa Joey. "Ele não vem negociar jogando os números na mesa, esperando que cheguem a um meio-termo. Ele sabe que faz parte da mesma equipe que você."

Outro exemplo extraordinário de como gerenciar "gênios" vem de um homem que chamaremos de Roger e se formou em Letras pela Duke University. Ele tem 34 anos, comanda uma empresa de design e implementação audiovisual de alta tecnologia em Atlanta e administra uma equipe de 45 pessoas que instala equipamentos de música, TV e internet em edifícios comerciais complexos. A maioria dos funcionários possui pós-graduação em engenharia de som e tecnologia musical.

"Não entendo nada da área deles", admite Roger.

Como no caso de Joey Levin, isso não o impediu de tentar descobrir. "Fiz um monte de perguntas", diz Roger. "Queria mostrar que desejava aprender com eles e que me interessava pelo trabalho, e muito."

No entanto, para Roger, obter conhecimentos técnicos específicos é apenas uma pequena parte das suas atribuições. A maior e mais importante é montar uma equipe engajada com o principal objetivo estratégico da empresa.

"Minha prioridade – e a meta que estipulei para a equipe – é proporcionar uma experiência fantástica para o cliente", diz ele. "Em alguns casos, os clientes nos procuram logo depois de terem uma experiência desastrosa com outro fornecedor. Em outros, estamos fortalecendo um bom relacionamento. De um jeito ou de outro, o importante é nos conectarmos melhor com os nossos clientes."

Para isso, Roger se tornou praticamente um exemplo ambulante das práticas de desenvolvimento de equipe de que falamos neste livro. Ele se coloca no lugar dos funcionários, importa-se profundamente com a vida e os interesses deles, empenha-se em trazer significado para o trabalho.

"Todos os dias tento mostrar a eles um panorama mais amplo, explicar por que a empresa faz o que faz e por que vai ser ótimo abraçar tal mudança tanto para eles quanto para os clientes", continua ele. "Minha principal atribuição é manter a equipe motivada e inspirada. Entendo que meu papel como gerente é garantir que meus funcionários adorem trabalhar aqui."

Sim, parte do papel como gerente é entender o *trabalho*; outra parte é entender o *trabalhador*. "Acho que os membros da minha equipe sabem que me importo com eles de verdade", diz ele. "Então, sentem que tudo que digo com relação ao trabalho parte de um sentimento de confiança. E isso nos ajuda a fazer um ótimo trabalho em equipe."

No fim das contas, percebemos que administrar gênios não é tão diferente de administrar meros mortais. Não permita que as habilidades únicas deles impeçam você de construir um relacionamento genuíno, baseado na verdade e na confiança. Afinal, os gênios também são humanos.

MANTENDO-SE CONECTADO (AO EXTREMO)

Um estudo conduzido pela Telework Research Network citado pela revista *Forbes* estimou que atualmente uma a cada cinco pessoas trabalhe de casa nos Estados Unidos, embora a impressão seja de que o número fosse maior em 2013, quando Marissa Mayer, CEO do Yahoo, baniu a prática da empresa. "Se quisermos nos tornar o melhor lugar para trabalhar, a comunicação e a colaboração terão suma importância, então precisamos ficar lado a lado", explicou ela na época. "Por isso é fundamental que estejamos todos presentes no escritório."

A indignação foi enorme. Mas também houve quem a apoiasse – nós inclusive. De acordo com a nossa experiência, é impossível transformar um negócio sem que as pessoas que trabalham com você estejam fisicamente presentes. No entanto, a maioria das reações – tanto no Yahoo quanto fora de lá – foi contra o decreto, com argumentos do tipo: "Só consigo trabalhar assim", "Não se pode voltar no tempo; este é o futuro", etc.

Não estamos aqui para defender o modelo tradicional "de 9h às 18h". O trabalho remoto veio para ficar. Na verdade, a mesma pesquisa previu que o número de pessoas que trabalham de casa aumentará em 60% em cinco anos. O estudo também observou uma tendência semelhante entre freelancers e terceirizados, que costumam trabalhar remotamente e, em muitos casos, possuem outros clientes: esse grupo cresceu de 10 milhões em 2005 para 42 milhões em 2013.

Então, o que os gerentes devem fazer para que esses membros "desgarrados" continuem no jogo?

A solução é lançar mão de todos os recursos possíveis para maximizar a socialização, que nós definimos como aquelas interações que garantem que a cultura e o espírito da empresa – seus valores e suas condutas – sejam demonstrados. A socialização deve ser levada a sério, precisa ser uma *verdadeira* prioridade, possibilitada pela tecnologia e executada intensamente.

Um bom exemplo vem da nossa própria experiência com o Jack Welch Management Institute (JWMI), na Strayer University. O programa de MBA que fundamos em 2010 e agora ajudamos a conduzir funciona totalmente on-line. O formato é perfeito para acomodar os nossos 900 estudantes de todos os cantos do mundo, profissionais que não têm tempo ou flexibilidade para viajar e frequentar aulas presenciais em horários fixos. O curso é tão virtual que os alunos só se encontram fisicamente na formatura, depois de dois anos de estudo.

Apesar de 30 profissionais coordenarem as operações do instituto na sede em Herndon, Virgínia, o corpo docente também é quase tão disperso quanto o discente. São 40 professores, todos com doutorado e muitos com MBA, ministrando aulas a partir de várias regiões dos Estados Unidos.

Alguns são exclusivos, trabalhando para o curso em tempo integral; outros, em regime de meio expediente, pois exercem outras atividades como consultores ou líderes dos próprios negócios. Os professores oferecem toda a orientação necessária sobre os materiais do curso, participam ativamente de discussões on-line, avaliam trabalhos e projetos e garantem que os alunos não só contribuam para as aulas como também extraiam o máximo possível delas, de modo que o instituto cumpra sua missão, que pode ser resumida na seguinte frase: "Aprenda hoje, aplique amanhã."

O desafio de administrar os educadores a distância recai essencialmente sobre o Dr. Michael Zeliff, vice-reitor acadêmico do JWMI. Mike fez carreira tanto no mundo acadêmico quanto no empresarial, de modo que a experiência nas duas áreas o ajudou a criar uma série de práticas para potencializar a socialização.

A primeira é um processo semelhante à gestão de relacionamento com o cliente (CRM), que elimina o caráter aleatório das comunicações entre Mike e cada um dos membros do corpo docente. São muitos detalhes, mas basta dizer que o processo sistematiza telefonemas diários, e-mails, sessões no Skype e afins para que nenhum professor fique sem contato pessoal com Mike durante a semana.

Às vezes, esses contatos são longos – uma visita à casa do professor ou uma conversa de uma hora ao telefone –; outras, são simples checagens de 15 minutos. Mas, toda semana, cada educador tem uma experiência de socialização intensa com Mike. E, uma vez por mês, os professores de cada departamento têm uma reunião on-line para discutir o andamento do programa curricular entre si. Essa sessão, também coordenada por Mike, pode durar horas. Outro exemplo de socialização na prática.

Obviamente, a comunicação de Mike com o corpo docente não se limita a contatos agendados. A troca de e-mails é constante e diária e, quando necessário, teleconferências e reuniões on-line são providenciadas rapidamente. O que queremos dizer, entretanto, é que você não pode deixar que a socialização dependa de interações ao acaso. Elas não são suficientes. A socialização precisa ser intencional.

Uma segunda técnica que Mike utiliza para gerenciar o corpo docente do JWMI é um painel que lhe oferece um fluxo constante de dados sobre como anda o desempenho dos professores durante as aulas – com que frequência comentam as observações dos alunos, quanto tempo demoram para avaliar trabalhos, com que frequência entram nas salas on-line, etc.

Esses dados são sempre calculados como um índice, para que Mike possa avaliar o desempenho dos educadores. Por exemplo, o painel pode mostrar que um professor de marketing está entre os 10% que mais comentam os trabalhos dos alunos, mas seus comentários estão entre os 15% mais curtos. Isso permite que Mike tenha conversas mais relevantes com a equipe.

A terceira prática contraria certos padrões, principalmente os do meio acadêmico, mas também é um excelente catalisador: todo semestre, os alunos avaliam os docentes antes de receber as notas finais. Assim, professores que aplicam bem materiais do curso e que interagem bastante com os alunos são recompensados com elogios e bônus. Os que ficam dentro da média recebem orientação e os mais fracos são colocados em período probatório.

Esse sistema de diferenciação é uma forma extremamente eficaz de reforçar as condutas. Além disso, traz outro benefício: incentiva a socialização dos próprios educadores entre si. Todos querem conversar com o professor mais bem avaliado nas interações com os alunos ou trocar uma ideia com aquele que obteve boas notas no "uso de mídias visuais".

"Ao longo da minha carreira", diz Mike, "conheci muitos professores que se viam todos os dias e nunca trocaram uma palavra. Cada um deles simplesmente queria fazer as coisas do seu jeito. É irônico pensar que podemos ter professores do mundo todo ansiosos por formar uma equipe que está sempre compartilhando ideias."

Exemplos de técnicas de socialização podem ser encontrados em vários lugares. Sue Jacobson é a CEO da Jacobson Strategic Communications, uma bem-sucedida empresa da Filadélfia que conta com apenas um funcionário em tempo integral: a própria Sue. Ela possui uma equipe freelancer de cerca de 42 prestadores de serviço composta em sua maioria de mulheres com filhos cujas especialidades vão desde assessoria de imprensa a gerenciamento de crises. Essas pessoas trocaram seus empregos corporativos pela flexibilidade do *home office*.

Embora o modelo de negócios de Sue funcione bem para os clientes e lhe garanta bons resultados financeiros, ela percebeu que, trabalhando de casa, os freelancers sentiam falta do senso de comunidade, além de perderem o tipo de aprendizado tão importante para o crescimento pessoal.

A solução encontrada foi instituir rápidas reuniões nas manhãs de terça: cada freelancer que estivesse trabalhando num projeto da empresa de Sue tinha cinco minutos para falar. "Não são o tipo de reunião em que os funcionários ficam se gabando", diz Sue. "Não deixamos isso acontecer. As reuniões servem para compartilhar informações, realizar *brainstormings* e trocar ideias."

As reuniões acabaram se tornando uma das melhores partes do trabalho. Os funcionários adoram a sensação de camaradagem e os conselhos que muitas vezes recebem, por isso Sue acredita que essas reuniões são um dos principais motivos que a levaram a manter uma equipe tão estável. Como sabemos, os freelancers vêm e vão, correndo atrás de trabalho e dinheiro. Ao longo de cinco anos, Sue perdeu apenas seis prestadores.

Também nesse caso, isso se deu por conta da socialização.

Socialização é a palavra que você deve ter em mente ao administrar os "desgarrados". Use e abuse da tecnologia para se manter conectado a eles, e faça disso um esforço intencional. Não é só porque você não os está vendo que pode esquecer que eles existem.

SUGADORES DE TEMPO E ENERGIA

Alguns funcionários literalmente roubam as empresas, mas esses casos são raros. E é simples lidar com eles: dispense-os imediatamente e conte o motivo da demissão para todo mundo.

Por outro lado, funcionários que sugam seu tempo e sua energia são muito mais comuns, mas, por algum motivo (culpa, talvez?), estão entre os mais difíceis de administrar.

Vamos começar com os membros da equipe que têm um desempenho abaixo da média, localizados no grupo dos 10% piores. Tecnicamente, de acordo com a diferenciação, os gerentes não deviam gastar tempo nem energia com eles, e sim facilitar sua transição para outro emprego. Afinal, o líder deve se dedicar acima de tudo a abraçar, apoiar e incentivar os talentos que formam a elite dos 20%, além de aconselhar e orientar o valioso grupo dos 70% com desempenho mediano.

Mas por que isso quase nunca funciona? Na maioria das vezes, os gerentes se veem em incontáveis reuniões improdutivas e conversas paralelas sobre os funcionários mais fracos: "Rick não conseguiu terminar a planilha outra vez e Sally teve que virar a noite para apresentá-la aos clientes. O que vamos fazer?", "Claire furou mais um prazo, mas não quis pressioná-la porque ela disse que estava com enxaqueca", "Ralph está desanimando a equipe com aquelas piadinhas sobre falência. Quando ele vai parar com isso?".

O que mais suga a energia, no que diz respeito a esses "ladrões", é muitas vezes o esforço necessário para que eles deixem suas desculpas de lado e se convençam de simplesmente fazer o trabalho.

A solução para esses casos parece fácil. Os funcionários de baixo desempenho precisam ser afastados – quanto antes, melhor. Na prática, entretanto, as empresas costumam adiar demissões por temerem a reação emocional do funcionário dispensado. Muitas vezes, os gerentes sentem culpa por despedir um amigo ou remorso por não ter dado um feedback sincero quando podiam. Ou um pouco dos dois.

Então vão empurrando o problema com a barriga. Reúnem-se com o RH. Perdem noites de sono.

Um amigo nosso é CEO numa construtora, um negócio familiar com cerca de 300 funcionários. Ele passou muito tempo tentando criar coragem para demitir um homem, que chamaremos aqui de Harry, funcionário da empresa havia 40 anos e chefe de projetos especiais.

Muitos o consideravam "a alma" do lugar. Harry adorava relatar histórias heroicas sobre os velhos tempos da fundação da empresa, quando eram apenas ele e o pai do CEO trabalhando juntos num porão. Mas todos sabiam que ele não vinha fazendo seu trabalho adequadamente na última década.

"Você nem imagina quantas reuniões fizemos para discutir a situação de Harry", confessou o nosso amigo. "Tínhamos medo do que aconteceria com ele quando déssemos a notícia. Tínhamos medo de como os outros funcionários reagiriam. Conversávamos horas a fio e ninguém tinha coragem de encarar o que precisávamos fazer. Estávamos paralisados."

Por fim, depois de protelar muito, o CEO chamou Harry e pediu que se aposentasse até o Natal. Haveria uma grande festa de despedida e a indenização seria generosa. As portas sempre estariam abertas para ele.

Para surpresa do CEO, o próprio Harry não contestou. Ficou grato pela oportunidade de sair com dignidade. Mais surpreendente mesmo foi a reação geral na empresa. As pessoas ficaram exultantes. Sim, elas gostavam de Harry. Reconheciam a contribuição dele. Mas todos sabiam a verdade: ele já deveria ter saído havia muito tempo.

"Não consigo acreditar em como me deixei distrair e torturar pela situação do Harry", acrescentou o nosso amigo. "Assim que ele foi embora, tive mais tempo para ficar atento aos negócios. Desejei ter feito isso cinco anos antes."

Esse também é o nosso conselho para você, caso essa história lhe pareça vagamente familiar. O recurso mais valioso que você possui como gerente é a sua atenção. Invista-a nos seus melhores talentos e naqueles que têm o potencial de entrar nesse time.

A mesma recomendação vale para os funcionários que adoram criar conflitos, pessoas que consideram parte do trabalho (ou da sua personalidade) discordar de tudo.

Às vezes esses indivíduos podem ser muito úteis: desafiam o status quo, não se deixam influenciar facilmente pela opinião geral e, em muitas ocasiões, apresentam um desempenho excelente. Inclusive se consideram protegidos pelos resultados que entregam: "Você não pode me mandar embora. Sou valioso demais."

No entanto, funcionários assim também costumam roubar tempo e energia, e não só dos gerentes, à medida que reuniões degringolam em debates por causa das suas objeções e opiniões. Você não pode deixar que isso aconteça.

O conflito é saudável até certo ponto, mas todos os membros da equipe devem argumentar também. Quando a resistência parte de apenas um funcionário e se torna uma distração, é hora de dizer adeus. Manter uma pessoa que adora criar conflitos na equipe não faz de você um gerente bom e equilibrado. Faz de você a vítima de um ladrão.

O PARALISADOR

Por fim, vamos falar de algo que nenhum profissional gosta de admitir que exista no mundo dos negócios: o medo.

Já se foram os dias em que as pessoas achavam que seus empregos estavam garantidos pelo resto da vida, que as empresas estavam livres da falência e que sua área de atuação iria existir para sempre. Já vimos muitos funcionários talentosos serem demitidos, organizações irem à bancarrota em questão de meses e setores inteiros entrarem em colapso.

No admirável mundo novo da competição global e da estagnação econômica, o medo sempre estará entre nós.

É parte do seu trabalho como líder administrar essa realidade. Seja transparente e converse com os funcionários sobre o que eles realmente devem temer, eliminando boatos ou conjecturas. Caso contrário, a imaginação os levará para lugares onde não conseguirão fazer qualquer trabalho produtivo.

Um gerente regional de uma empresa do varejo, que chamaremos de James, viu a sua carreira decolar em seis anos, à medida que ajudava sua equipe a aumentar as vendas em quase 10% todo ano. Um dia a sua chefe – a gerente-geral – foi fisgada por um concorrente on-line em franca expansão. A primeira medida dela no novo cargo foi telefonar para James e convidá-lo para se juntar à sua nova equipe.

"Ela foi direto na jugular", lembra ele. "Falou que iríamos afundar em poucos meses, pelo que tinha ouvido dos chefes logo antes de sair. E que foi por isso que pediu demissão. Suspeitava que todo o setor estivesse em apuros porque dependia basicamente de lojas físicas, enquanto os clientes se rendiam cada vez mais às compras pela internet, onde vínhamos tendo dificuldade em nos firmar."

James quase não conseguia mais trabalhar. A empresa estava mesmo à beira da falência? Então por que o CEO não falava com os funcionários sobre isso? Ele sabia que o varejo passava por um período crítico, mas se informara e acreditava que a recuperação ainda viria.

Ele começou a conversar sobre seus temores com os colegas. Foi uma reação natural, mas contagiou toda a empresa. Logo o assunto vinha à tona em qualquer encontro. A empresa estava prestes a falir? Quem seria demitido primeiro?

No caso de James, o medo foi gerado por uma pessoa com um objetivo claro – a ex-chefe em busca de talentos –, mas ele poderia ter surgido de outras fontes, como reportagens, pareceres de analistas, concorrentes – não importa. A reação da gerência deve ser a mesma: franqueza total. Sobre o desempenho e a trajetória profissional de cada funcionário; sobre a condição financeira e as perspectivas de crescimento da empresa; e sobre tudo que você sabe sobre o futuro.

O que queremos dizer é que a falta de informação dificulta a concentração. A ignorância no trabalho e sobre o trabalho não é uma bênção. Pelo contrário, é um convite para que os funcionários se afundem em preocupações e deixem de produzir.

O ex-presidente Franklin Roosevelt tinha razão: a única coisa que devemos temer é o próprio medo. Como líderes, nosso trabalho é acabar com o medo falando a verdade, tanto durante as crises quanto nos momentos de calmaria.

Os gênios são uma categoria de funcionários que cresce cada vez mais em número e importância. Os desgarrados, que trabalham a distância – em casa ou em trânsito –, às vezes em tempo integral, às vezes como freelancers, também vêm ganhando mais e mais destaque. Por fim, temos os ladrões de tempo, que podem ser representados pelos funcionários com baixo desempenho ou pelos causadores de conflitos.

Agora você tem um arsenal de técnicas para lidar com esses três grupos. Encha os gênios de perguntas e, ao mesmo tempo, mostre que se importa com eles, procure conhecê-los. Divida projetos em partes menores para entendê-los melhor. Invista na comunicação com os funcionários remotos e implemente processos e tecnologias que maximizem a socialização. E, no caso dos ladrões, contra-ataque com coragem e franqueza.

Essas práticas fazem coro com o lema sobre verdade e confiança: buscar (e transmitir) sempre a primeira enquanto incansavelmente constrói a segunda. No fim das contas, não faz diferença com que tipo de pessoa você está lidando, concorda? Gênios ou pessoas comuns, desgarrados ou funcionários internos, ladrões ou indivíduos que se deixam influenciar, todos precisam de um líder que reúna companheiros de viagem e os transforme numa equipe campeã.

Parte III

Você

11

O QUE DEVO FAZER DA MINHA VIDA?

Ao longo de pouco mais de 10 anos, escrevemos muitas colunas sobre negócios – foram mais de 500. Os temas variaram desde princípios de liderança até eventos da atualidade. Algumas foram bem recebidas; outras incitaram discussões. Mas poucas geraram reações emocionais tão intensas quanto a intitulada "Four Reasons to Quit Your Job" (Quatro motivos para largar o seu emprego), que já tem mais de 800 mil visualizações e quase mil comentários sinceros e comoventes.

Muitas pessoas se sentam às suas mesas no escritório e se perguntam todos os dias: "Que diabo ainda estou fazendo aqui?"

Ainda assim, elas não largam seu emprego. A inércia é a culpada, em certos casos. Em outros, elas simplesmente se veem sem oportunidades profissionais para deixar uma situação ruim ou enfrentam problemas na vida pessoal que as impedem de se arriscar, ou as duas coisas. Como afirmou um leitor num dos comentários da coluna, "em tempos de recessão, você não tem escolha a não ser aturar muito mais do que faria em outros momentos".

No entanto, muitos indivíduos continuam nesses empregos terríveis porque não sabem mais o que fazer da vida. Só sabem que não é o que estão fazendo no momento.

Isso lhe soa familiar? Então continue lendo, pois o objetivo deste capítulo é ajudar você a se livrar desse problema.

ENCONTRO COM O DESTINO

Alguns anos atrás, participamos de uma série chamada *It's Everybody's Business*. Em cada episódio, visitávamos uma empresa que enfrentava dificuldades e ajudávamos a equipe de líderes a solucionar um problema.

No episódio piloto, visitamos a Hertz, que se via às voltas com um problema no lançamento de um serviço de aluguel de carros por hora, então conhecido como Hertz Connect (hoje se chama Hertz 24/7).

Durante o processo, conhecemos Griff Long, um executivo da Hertz de 42 anos. Teria sido muito difícil não notá-lo. Griff tinha uma energia extraordinária. Parecia o Incrível Hulk, prestes a explodir de dentro do seu terno. Logo descobrimos que, quando não estava tentando convencer a alta gerência de que deveria administrar a nova iniciativa, Griff estava correndo, muitas vezes até 30 quilômetros por dia, depois nadava e andava de bicicleta. Nos fins de semana, competia em triatlos ou orientava outras pessoas que treinavam para essa modalidade.

Griff acabou ficando encarregado do Hertz Connect, mas não por muito tempo – o que foi uma ótima notícia, especialmente para ele mesmo. Afinal, Griff saiu da empresa para aceitar um emprego na Equinox, uma companhia de produtos esportivos. Sua rotina profissional agora consiste em abrir novas academias e reunir-se com gerentes e seus principais instrutores para conversar sobre maneiras de incentivar mais pessoas a praticar exercícios físicos com maior frequência.

Para aceitar o novo emprego, Griff teve que abrir mão das suas pretensões de melhoria salarial e se mudar para outra cidade com a família. Mas, nas palavras dele: "Nunca estive tão feliz, e minha mulher e meus filhos se sentem assim também. Nem parece que estou trabalhando. Agora estou fazendo o que nasci para fazer. Meu único arrependimento é ter levado 20 anos para perceber isso."

Todos conhecemos histórias como a de Griff. O médico que larga o consultório aos 50 anos para virar fotógrafo. O executivo sênior que abandona o mundo corporativo para administrar um museu ou seguir a carreira acadêmica. O contexto também costuma se repetir: anos ou décadas de "cativeiro" trocados por uma segunda chance de viver de forma autêntica, e, para completar, a moral da história: devemos fazer aquilo que amamos.

Esses relatos de reinvenção pessoal são dignos de aplauso, é claro. Da mesma forma, é normal e necessário experimentar empregos (ou até setores) diferentes durante alguns anos antes de decidir qual carreira seguir. É uma exploração mais do que saudável.

O que corta o coração é saber que Griff precisou sofrer por 20 anos até descobrir a sua verdadeira vocação.

Infelizmente, isso é muito comum, mas não deveria ser assim. Afinal, existe um antídoto. É um processo de avaliação de carreira que chamamos de Área de Destino (ADD).

Funciona da seguinte maneira: imagine a sua vida como duas rodovias – uma flui com tudo aquilo em que você é muito bom; a outra, com o que você realmente gosta de fazer. Agora, imagine que essas duas rodovias se cruzam. Bem ali, na interseção da sua habilidade com a sua felicidade, está o lugar ideal onde você deveria construir a sua carreira.

Legal, não é? Mas quem consegue fazer isso?

Bem, Griff Long conseguiu. Mas, como Griff, a maioria das pessoas começa a trabalhar sem uma ADD como meta. Em vez disso, escolhem uma carreira baseada nas matérias em que eram boas na escola: um aluno nota 10 em matemática que se torna engenheiro ou outro que entra para o mercado editorial porque se destaca em línguas e literatura. Ou então elas seguem os conselhos dos pais, do tipo

"Sempre haverá emprego para os médicos" ou "Se você for contador, nunca vai precisar se preocupar com dinheiro". Ou aceitam uma oferta que lhes paga bem o suficiente para sair da casa dos pais, etc.

Na teoria e na prática, a ADD desfaz essas escolhas equivocadas movidas por impulso.

Vamos pensar um pouco na expressão "por impulso". É por causa dela que muitas escolhas são feitas (ou deixam de ser) na vida. Qual faculdade cursamos, em que cidade vamos morar e, sim, que emprego aceitamos.

A ADD coloca isso em questão – é o melhor antídoto para o impulso. Ela o incentiva a pensar sobre quem você é e o que traria muito mais sentido, impacto e felicidade para a sua vida. Como disse Mark Twain: "Os dois dias mais importantes da sua vida são: o dia em que você nasceu e o dia em que você descobre para que nasceu."

O objetivo da ADD é fazer o segundo dia chegar mais rápido.

Talvez por isso não seja tão fácil fazer uma avaliação da ADD. Você precisa ir fundo. Precisa lutar contra si mesmo. Precisa ser totalmente sincero quanto aos talentos, às habilidades e aos valores que tem. Talvez precise até de um pouco de autocrítica.

Por exemplo, entre na rodovia de *coisas nas quais você é muito bom*. Não são as coisas que você sabe fazer bem ou mais ou menos bem, ok? Porque essa lista seria meio longa. Você pode achar que é razoavelmente bom em escrever discursos, em fazer contas de cabeça, em resolver impasses com rapidez e assim por diante. Muitas pessoas, porque tiveram pais dedicados, uma boa educação e possuem talentos inatos, são competentes de forma geral.

Então concentre-se na palavra "muito", que é onde reside o poder da ADD. O que exatamente você faz melhor do que a maioria? Na verdade, o que você faz melhor do que *todo mundo*?

Essa pergunta merece uma resposta refinada. "Sou muito bom em explicar conceitos científicos complexos numa linguagem clara. As pessoas sempre me elogiam por isso." Ou então: "Sou excelente em matemática, especialmente para analisar o custo e a lucratividade de um novo empreendimento." Ou: "Lido muito bem com prazos apertados e com trabalho em equipe, principalmente quando o grupo não consegue se entender, pois sou muito diplomático e tenho talento para obter consenso."

Desde 2010, quando começamos a trabalhar com a avaliação de ADD, já ouvimos todo tipo de resposta.

Uma mulher, que havia se formado em cultura clássica e pensava relutantemente em seguir carreira acadêmica, nos deu o veredito: "Sou ótima em fazer com que pessoas que não conheço se sintam em casa. Sempre me falaram isso." Ela agora trabalha na administração de um campus de uma universidade norte-americana na Grécia.

Um caça-talentos na faixa dos 20 anos e em crise disse: "Tenho muito jeito com adolescentes problemáticos. Eles precisam de alguém para conversar e eu gosto de ouvi-los." Ele abandonou o emprego em Manhattan para trabalhar num programa de educação com atividades ao ar livre para alunos indisciplinados.

É muito importante reservar um tempo para identificar os talentos, as habilidades e as características que fazem você se destacar na multidão. Reflita sobre as suas experiências de vida desde a escola, passando por faculdade, situações familiares, empregos. Em que áreas você se saiu *particularmente* bem? Em que situações causou *mais* impacto? Foi quando assumiu o papel de negociador ou ouvinte, quando precisou convencer, analisar, inventar ou criticar? A lista de possibilidades é infinita.

Descobrir o que compõe a rodovia de *coisas que você realmente gosta de fazer* é bem mais fácil. As pessoas em geral sabem de imediato o que adoram porque raramente conseguem fazer o suficiente disso.

Para tornar esse processo mais preciso, pense em tudo que você agendou para a próxima semana, mês ou ano. Por quais atividades você mal pode esperar? O que mais o enche de entusiasmo, expectativa e até alegria? Apresentar um novo plano de negócios para a equipe? Reunir-se com um consultor de confiança para refletir sobre uma decisão estratégica? Encontrar amigos para um jantar sem hora para acabar? Fazer trabalho voluntário com crianças como parte de um programa de incentivo da empresa? Viajar para lugares desconhecidos?

Novamente, a lista pode se estender indefinidamente, e você pode adorar fazer um monte de coisas, mas, para conduzir uma boa avaliação de ADD, deve restringir as opções. Pense com sinceridade: quais atividades, tarefas e passatempos você considera empolgantes de verdade?

Depois de responder as perguntas sobre o que flui nas duas "rodovias", faltará apenas descobrir quais áreas, empresas e linhas de trabalho existem na *interseção* delas. Às vezes isso é óbvio, outras nem tanto, pelo simples fato de que a vida, com todas as suas restrições financeiras e pessoais, pode lhe impor empecilhos.

No caso de Griff Long, ele era excelente nos esportes e em orientar outras pessoas a praticarem exercícios físicos de forma sistemática e disciplinada. Além disso, o que mais gostava na vida era praticar esportes e discutir treinamentos com outros fanáticos pelo assunto.

Após décadas trabalhando com aluguel de automóveis, não é de espantar que ele parecesse prestes a explodir. Griff passou quase toda a sua vida produtiva atrás de uma mesa, o que não combinava com suas habilidades e não chegava nem perto de atender suas necessidades emocionais. Felizmente, existia um setor inteiro que poderia possibilitar isso a ele.

Por outro lado, um conhecido nosso, que chamaremos de Jim, sofreu um pouco mais para descobrir a carreira certa na interseção da sua ADD.

Depois de se formar em artes cênicas com ênfase em espetáculos musicais, Jim se mudou para Nova York para tentar uma carreira na Broadway. E a Broadway se mostrou inalcançável para ele.

Passados dois anos, Jim voltou para a faculdade decidido a cursar arquitetura, com especialidade em paisagismo. Por quê? Ora, ele desenhava bem e gostava de estar em contato com a natureza. Além disso, parecia uma carreira segura. Era uma solução satisfatória, convenceu-se ele.

E foi mesmo – durante 15 anos. Jim se formou, arranjou um bom emprego, tornou-se sócio minoritário da empresa em que trabalhava, casou-se e teve dois filhos. Nos fins de semana, ele "dava vazão" (palavras dele) ao seu lado musical cantando no coro da igreja.

Mas ele sentia que ainda faltava alguma coisa. Sua esposa também percebia isso. E essa "coisa" era a realização profissional. Era o entusiasmo. A esperança.

Foi então que a ADD entrou em cena. Usando essa técnica, Jim descobriu que era muito bom em algo que surpreendeu até ele mesmo: reconciliação. Ele se lembrou de que, na faculdade, os diretores costumavam brigar entre si para tê-lo nas produções teatrais. Havia algo na sua personalidade otimista, nada dramática (numa área literalmente melodramática), que apaziguava as diferenças e impulsionava as pessoas a trabalharem juntas de forma produtiva.

Os chefes da empresa de arquitetura também haviam notado esse talento: sempre que havia um cliente difícil, complicações logísticas ou conflitos de personalidade, ele era destacado para o projeto.

Mas e quanto ao que ele realmente gostava de fazer? Além de passar tempo com a família, Jim só queria cantar.

E aí você pensa: onde as duas coisas se sobrepõem?

Com um pouco de criatividade, Jim encontrou uma saída: ele podia administrar uma companhia de teatro musical. Não cantaria todos os dias, mas estaria cercado de artistas, o que era quase tão bom quanto. Além disso, podia fazer a diferença dirigindo e coordenando todas as pessoas envolvidas na montagem dos espetáculos.

Jim ficou muito entusiasmado com o resultado da sua avaliação: "É perfeito para mim!" No entanto, ele sabia que enfrentaria dificuldades por causa das suas obrigações financeiras. Calculou que precisaria de cinco a dez anos para fazer a transição entre o paisagismo e a administração de companhias de teatro.

É bastante comum que essas transições demorem a acontecer com pessoas cujas avaliações de ADD revelam "interseções" muito distantes daquilo que fazem no momento. Na verdade, chegar à sua ADD por vezes pode parecer impossível; a reviravolta é grande demais. Mesmo assim, acreditamos que conhecer a sua ADD já é bastante útil, ainda que ela sirva apenas de orientação.

Uma última história de sucesso ilustra o poder revolucionário (e positivo) desse método aparentemente simples. Um jovem, que chamaremos de Marcus, convenceu-se de que queria estudar geologia na faculdade. Por quê? Porque, na escola, ele costumava tirar boas notas em matemática e ciências, e, entre as carreiras que mais tinham a ver com essas disciplinas, a geologia parecia ser a mais interessante. Além do mais, ouviu dizer que não faltavam empregos nessa área.

Antes da metade do primeiro ano, Marcus descobriu o que era ser "*muito* bom" em matemática e ciências e teve certeza de uma coisa: ele não era. Marcus também aprendeu que uma carreira em geologia exigiria pós-graduação. A ideia de dedicar mais seis ou sete anos aos estudos para poder ganhar minimamente bem era desoladora.

Foi mais ou menos nessa época que ele topou com a sua ADD – ou, para ser mais exato, com os seus pais, que lhe apresentaram esse processo.

O trio estava decidido a descobrir o que Marcus sabia fazer melhor, e a resposta não tardou a aparecer. Era a música; na verdade, identificar quais canções se tornariam populares dentro de alguns meses ou anos. Um talento estranho, talvez, mas Marcus o apresentava desde que começara a ouvir música, ainda criança. Sempre tocava canções "prestes a estourar" em seu programa de rádio semanal, que começou a apresentar aos 14 anos no colégio e emendou em outro na faculdade. Sua família até costumava brincar que Marcus era capaz de prever quais seriam os vencedores do Grammy três anos antes de eles serem indicados para o prêmio.

Quanto ao que Marcus mais gostava de fazer, isso era bem óbvio: ouvir música. Ele adorava falar sobre música, compartilhá-la com amigos, ler blogs sobre o assunto e ir a shows – quanto mais desconhecida a banda, melhor.

Hoje, Marcus está iniciando uma carreira promissora como coordenador de programação de uma rádio. Dizer que ele está feliz seria pouco.

Os pais deles também estão. Nós sabemos, porque somos nós.

Existem milhares de livros sobre carreiras, contendo milhares de ferramentas de avaliação. Nossa intenção não é reinventar a roda, mas apenas apresentar a maneira mais eficaz de responder à pergunta "O que devo fazer da minha vida?".

Dedique-a à sua Área de Destino. É nela que as conquistas e a felicidade andam de mãos dadas. É onde o trabalho deixa de ser trabalho e se torna a vida em toda a sua plenitude.

MAIS DO QUE UM ESTILO DE VIDA

Alguns de vocês talvez não se lembrem dos velhos tempos, em que ser um empreendedor não era exatamente o que todos queriam ser. Mas houve uma época assim, em que as carreiras eram construídas dentro de arranha-céus ou outros prédios do gênero, cheios de sujeitos engravatados.

Na década de 1970, a crise do petróleo estimulou as pessoas a correr para obter um diploma em geologia. O setor de energia era aquele no qual a ação (e o dinheiro) estaria dali para a frente! Nos últimos 30 anos, bancos de investimentos e empresas de consultoria têm sido os principais empregadores para quem tem um MBA, atraindo recém-formados como um aspirador de pó que suga farelos de biscoito de um tapete.

Na última década, o empreendedorismo se tornou a bola da vez. Essa prática, porém, não está particularmente disseminada. Na verdade, segundo uma matéria do *The Wall Street Journal*, dados de 2013 do Federal Reserve indicam que a porcentagem de pessoas com menos de 30 anos que possuem negócio próprio foi a mais baixa em 24 anos.

Por outro lado, também é verdade que a mania das startups tomou conta de muitas das principais escolas de administração. Em Stanford, por exemplo, nunca ter ido a uma entrevista de emprego é motivo de orgulho – para que se dar a esse trabalho se você vai abrir o próprio negócio? Na Sloan School do MIT, Jack deu um curso em que cerca de um em cada seis alunos tinha montado um negócio antes mesmo de se formar.

Para que tanto entusiasmo? Bem, ser um empreendedor parece muito divertido. Soa como algo heroico. É você quem define as regras. Você trabalha num galpão; reuniões são conduzidas diante de uma mesa de sinuca. Você trabalha feito um louco durante alguns anos, então um belo dia está tocando o sino da Bolsa de Valores. Depois, é comprado por um grupo. Após viajar o mundo inteiro e comprar uma equipe esportiva profissional, você começa tudo de novo.

Isso que é vida!

Mas há um detalhe.

Para ser um empreendedor, *você precisa ter uma ideia*. Uma ideia das grandes, capaz de agregar valor, causar espanto e mudar paradigmas. Precisa de uma ideia diferente e melhor do que todas as que já estão no mercado.

E ainda há outro detalhe.

Além dessa ideia, você precisa ter um tipo raro de audácia. E não estamos falando apenas de uma tolerância a riscos ou mesmo de uma tolerância acima da média. Para ser um empreendedor – um *verda-*

deiro empreendedor –, você precisa do sangue-frio, da paixão louca e da determinação irracional necessários para suportar as constantes experiências de quase morte que provavelmente terá que enfrentar para tornar a sua ideia realidade. Talvez fique totalmente sem dinheiro algumas vezes. Pode cometer erros idiotas. Fornecedores e parceiros podem deixá-lo na mão. Você não vai dormir – porque não quer, não precisa ou não terá oportunidade.

O que estamos descrevendo aqui se chama "coragem". E a maioria das pessoas entende essa parte da equação do empreendedorismo. O que parecem não entender é a parte da "grande ideia". Desde que começamos a viajar pelo mundo, em 2001, conhecemos centenas, possivelmente milhares, de indivíduos (em especial, universitários) que nos contaram entusiasmados sobre o desejo de se tornarem empreendedores. Só que, quando perguntávamos qual produto ou serviço fora de série eles tinham a oferecer, não sabiam o que dizer.

Obviamente, alguns tinham a resposta na ponta da língua: um método on-line de vendas consignadas de roupas capaz de revolucionar o setor, ou um dispositivo médico portátil para tratar enxaquecas, por exemplo. Ouvimos essas duas ideias dos seus criadores quando elas estavam começando a ser desenvolvidas e ficamos arrepiados. (Hoje, por sinal, as duas empresas estão na ativa, funcionando a pleno vapor.)

O que mais ouvimos, porém, foi algo como: "Ideia? Bem, ainda não pensei em nada muito específico. Talvez um novo aplicativo. Ainda não sei. Mas sei que quero ser um empreendedor. Quero ser meu próprio patrão."

Embora seja totalmente compreensível, o desejo sozinho não é suficiente.

Não estamos querendo dizer que você esteja condenado à monotonia do mundo corporativo para o resto da vida. Apenas sugerimos que talvez você não devesse começar algo neste instante. Afinal, o que, de fato, começaria? Nem você sabe. Mas pode procurar emprego num ambiente empreendedor.

Lembra que contamos a história de Bunny Williams no Capítulo 4? Após uma longa e bem-sucedida carreira como decoradora, ela decidiu lançar a própria linha de móveis, produzindo os artigos na Ásia e distribuindo-os para *outlets* em todo o mundo. Bunny teve a ideia inovadora de que, ao trabalhar junto de seus artesãos asiáticos, poderia encontrar uma forma de produzir em massa móveis com excelente design e vendê-los por preços mais baixos.

Bunny também sabia quais eram suas deficiências: como não saber fazer o inventário e a contabilidade do novo negócio, por exemplo. Então imediatamente se cercou de uma equipe de especialistas nessas áreas.

Se você quer ser um empreendedor mas não tem nenhuma grande ideia, faça parte de uma equipe como a dela. Pense em quantos empreendedores começaram trabalhando no setor de alta tecnologia ao longo dos últimos 30 anos. É uma excelente porta de entrada.

Até hoje, Bunny reconhece o papel da equipe no sucesso da sua iniciativa. "Eu sabia que poderia fazer tudo o que fosse relacionado ao design. Para todo o restante, eu recorria à minha equipe. Eles me ensinaram muito."

É claro que, como membro de uma equipe, você não compartilha de toda a glória dos que fundaram uma startup nem tem a mesma participação na empresa. Mas, quando chegar o momento de comercializar sua própria grande ideia, seja quando for, você estará pronto. E isso não tem preço.

A ESCOLHA É SUA

Nenhum capítulo sobre carreira estaria completo sem discutir o tema "equilíbrio entre trabalho e vida pessoal". Afinal, quer você use uma avaliação da ADD ou qualquer outra ferramenta ao escolher uma carreira, você também estará escolhendo o que não vai fazer, ou vai fazer menos, em suas horas de lazer.

Observe que estamos falando sobre *escolher*. É por isso que preferimos a expressão "escolha entre trabalho e vida pessoal", que deixa claro que qualquer decisão profissional gera consequências. Por definição, "equilíbrio" sugere que o ideal seria uma espécie de divisão, tipo 50% para cada lado.

A questão é a seguinte: uma vida dividida em 50% para o lado profissional e 50% para o lado pessoal *é* ideal para algumas pessoas. Não para nós, admitimos. Nosso trabalho é uma grande diversão, então a divisão, no nosso caso, ficaria em torno dos 80%-20% ou 70%-30%.

Mas, repetimos, é uma escolha. Uma escolha *sua*. Não queremos que ninguém nos diga como deveríamos gastar nosso tempo, e tampouco temos a pretensão de fazer isso.

Basicamente, achamos que tudo se resume a valores – valores pessoais. Uma pessoa que dá valor às atividades intelectuais, ao estudo, a passar algum tempo sozinha e às amizades profundas com um número limitado de pessoas nunca vai tomar as mesmas decisões em relação à vida pessoal/trabalho que uma pessoa que dá valor ao dinheiro, à fama e à presença em muitas festas.

Da mesma forma, um gerente de 20 e poucos anos que sonha em se tornar CEO aos 40 e adora praticar esportes radicais nos fins de semana não vai fazer as mesmas escolhas que um executivo que gosta de trabalhar com arrecadação de fundos para ONGs por causa da flexibilidade que isso lhe dará para cuidar dos filhos.

Quem tem o direito de dizer quais desses valores são certos ou errados? Não somos nós. Se você quiser buscar os 50-50, esperamos que consiga. O mesmo vale para uma divisão 20-80 ou 80-20.

Em 2012, demos uma palestra na conferência "Women in the Economy" (Mulheres na economia), organizada pelo *The Wall Street Journal* em Palm Beach. Não tínhamos nenhum objetivo específico para esse evento – e certamente nenhuma intenção de gerar manchetes polêmicas e posts raivosos em blogs. Mas foi exatamente o que aconteceu quando apresentamos o argumento da "escolha entre trabalho e vida pessoal" que acabamos de explicar a você.

Mais especificamente, falamos que o sucesso profissional era consequência de oferecer resultados acima do esperado, assumir missões difíceis e exigir avaliações consistentes e detalhadas dos seus superiores para ter a exata noção de como você está indo. Também falamos que reduzir a carga de trabalho e solicitar mais tempo livre para se dedicar à família (ou a outros interesses) era uma escolha perfeitamente aceitável, mas que não iria acelerar a ascensão de ninguém para os cargos mais cobiçados da empresa, não importa se você é *homem ou mulher.*

Portanto, para encerrar o assunto, a escolha entre trabalho e vida pessoal é simplesmente uma questão... de escolha. Toda e qualquer decisão que você tomar em sua carreira terá consequências. Sociais, econômicas e emocionais. Essas consequências devem estar alinhadas com certos valores – os *seus* valores.

Todo o restante é apenas ruído.

Algumas pessoas sabem exatamente o que querem fazer da vida.

Esse é o tipo de realização que desejamos para todo mundo, sem exceção. É triste saber que às vezes ela é tão difícil de ser colocada em prática.

É por isso que recomendamos o método da Área de Destino. A ADD é o catalisador de que você precisa para sair da condição desanimadora e solitária de se perguntar "O que devo fazer da minha vida?" para a condição empolgante e promissora de dizer "Eu *adoro* o que faço".

Então analise, avalie e descubra o que você faz de melhor e o que adora fazer – e encontre o campo de sonhos não cultivado que existe na interseção entre essas duas coisas.

Se a resposta a essas perguntas direcionar você para o caminho do empreendedorismo, sugerimos que cave um pouco mais fundo. Você tem uma ideia grande e inovadora? Tem coragem suficiente para começar algo novo? Caso contrário, qual empreendimento jovem e ousado já existente poderia ser um bom começo enquanto o seu momento de descoberta não chega?

Por fim, recomendamos que você analise bem que tipo de "equilíbrio" quer ter em sua vida. É do tipo meio a meio ou algo diferente? E, tão importante quanto, pergunte a si mesmo: "Quais são as minhas escolhas e quais serão as consequências delas? Elas estão em sintonia com os meus valores?"

Afinal de contas, a pessoa que viverá as consequências dessas perguntas é você e mais ninguém.

12

SAINDO DA INÉRCIA

Em algum momento da vida, quase todos nós nos sentimos estagnados na carreira.

Você pode ser um colaborador independente que quer comandar uma equipe. Um especialista que quer ser promovido a gerente-geral. Um líder de nível médio que acha que já deveria ter responsabilidade sobre lucros e perdas. Mas, quando aborda a questão com o chefe ou o RH, a resposta é sempre: "Ainda não, ainda não. Espere mais um pouco."

Só que você já está esperando há uma eternidade.

É uma espera enlouquecedora. Você sabe que pode fazer mais pela empresa. Talvez até esteja na sua Área de Destino. Mas está se sentindo preso, empacado.

Não se desespere.

Se existe uma verdade a respeito desse período que mais parece um purgatório profissional é que ele sempre acaba. Em algum momento, se a inércia for total, a frustração chegará a tal ponto que você vai pular fora. Sairá pela tangente, para uma vaga em outra área da empresa, só para aproveitar a chance de "escapar da prisão", ou então pedirá demissão para assumir um cargo em outro lugar que será melhor apenas pelo fato de não ser o atual. Ou, em algumas ocasiões, a inércia profissional termina porque a própria organização em que trabalha perde a paciência com você e o dispensa. Nenhuma dessas hipóteses é especialmente agradável.

É por isso que neste capítulo falaremos sobre como forjar um novo caminho, um caminho que leve à promoção que você tanto deseja.

Vai ser fácil? Provavelmente não. Mas você tem chance de conseguir. Primeiro entenda por que sua carreira ficou estagnada – entenda *de verdade*. Depois, conheça seis possíveis iniciativas. Você poderá tentar todas ao mesmo tempo, mas duas ou três já devem ser suficientes para resolver o impasse.

Ninguém morre de amores pela ideia de mudar, e colocar em prática várias mudanças de uma vez pode não parecer muito divertido. Mas o que não nos mata nos fortalece, certo?

POR QUE AS CARREIRAS FICAM ESTAGNADAS

Toda história de estagnação profissional apresenta suas particularidades, bem como fatores atenuantes e circunstâncias extraordinárias.

Mas, de modo geral, as carreiras ficam estagnadas pelos mesmos motivos. Vamos analisá-los rapidamente antes de passarmos para as atitudes práticas que o ajudarão a reverter a situação.

Em primeiro lugar, a estagnação pode acontecer quando a empresa não tem um cargo para o qual promovê-lo. O obstáculo acima de você – em geral, o seu chefe – está fazendo um ótimo trabalho e não tem planos de se aposentar, ser transferido ou se mudar para outra cidade.

O chefe também pode ter um obstáculo acima dele. Isso acontece o tempo todo no mundo empresarial. A maior culpada é a falta de crescimento; a empresa, o setor no qual ela se insere ou a economia como um todo pode estar passando por um momento difícil, um período de estagnação ou até de recessão. Nesse contexto, é muito difícil surgir uma oportunidade de crescimento profissional. Esse bloqueio também é comum em negócios familiares, cujos principais cargos são muitas vezes ocupados por indivíduos "predefinidos".

Se você se encontra nessa situação, só tem uma escolha: decidir por quanto tempo está disposto a tolerar a inércia. Realmente *decidir*. Estabelecer uma data de validade para a sua paciência: "Se nada mudar em um ano, vou procurar outra coisa e, em no máximo dois anos, estou longe daqui."

Ao fazer essa avaliação, você precisa levar em conta a sua posição dentro da empresa. Caso a promoção surja, você pretende aceitá-la? Suas avaliações de desempenho têm sido excelentes ou apenas satisfatórias? O chefe costuma promover os melhores funcionários ou os mantém onde estão enquanto colhe os benefícios para si? Informações assim são essenciais para determinar os "termos do contrato de perseverança" que você vai firmar consigo mesmo.

É importante saber que não há uma regra que determine até quando se deve esperar que as coisas mudem. Apenas defina um prazo baseado nos seus valores, na posição em que se encontra, em circunstâncias e empecilhos, sem esquecer o futuro da empresa. Você continuará na inércia, mas, com um horizonte bem definido e um plano de fuga traçado, você certamente se sentirá menos angustiado no dia a dia.

Outro motivo para a estagnação é uma noção equivocada da importância da experiência em funções diferentes. Mary é uma excelente analista financeira. Jeff é um ás do marketing. Enquanto cursavam a faculdade de administração, ambos receberam a orientação de que a maneira mais rápida, inteligente e garantida de chegar ao topo seria passar pelo máximo de funções possível. "Você precisa de dois ou três anos em cada função, mais algum tempo no exterior", disseram a eles. "É fundamental criar um portfólio equilibrado e eclético de competências."

Quanta besteira! Algumas empresas compartilham da ideia de fazer os talentos mais promissores saltarem de galho em galho, como se precisassem experimentar todos os brinquedos do parque de diversões. No entanto, o mais comum é promover as pessoas que são muito boas no que fazem, até que cheguem ao topo.

O fato é que, se você for um guru das finanças, não precisa de dois anos no marketing para entender a importância do setor para os resultados. Você já sabe disso intuitivamente ou por ser um observador astuto. Da mesma forma, um tipo altamente criativo do marketing não precisa sofrer no setor operacional para saber que a qualidade é fundamental. Por conta das orientações que receberam sobre o valor de "ter um currículo variado", já vimos muitos especialistas excelentes abandonarem as suas áreas e desaparecerem no limbo corporativo.

Se você tem talento em determinada área e pede transferência para outra que não domina, você é como Michael Jordan quando decidiu jogar beisebol (todo mundo deve lembrar no que isso deu).

Caso esteja passando por isso agora, a solução é clara: volte para o seu verdadeiro lugar. Logo dominará o jogo outra vez – e a sua carreira continuará a progredir.

Também existem os funcionários que estão estagnados porque têm problemas de comportamento e não cooperam com o chefe. Eles fingem que jogam para o time, mas, no fundo, nutrem desdém e repulsa pela empresa e pelos líderes.

Acontece que essas pessoas raramente têm plena consciência disso. A seu ver, o problema não é com *elas*, mas com a organização. Os chefes é que são idiotas e incompetentes; só se importam com o dinheiro; não entendem nada sobre os clientes ou os produtos. E, francamente, os colegas são bem parecidos. Todos eles puxam saco dos mandachuvas e não têm nada de útil a oferecer.

Não esperamos que você se identifique com essa descrição. Mas, se por acaso os sentimentos que descrevemos acima lhe parecerem familiares, esse pode ser o motivo que levou a sua carreira a ficar estagnada. Reconheça que, sem uma mudança radical de mentalidade, você continuará *seriamente* estagnado. Por mais inteligente e talentoso que seja – como é comum entre aqueles que estão sempre contra seus superiores –, nenhum chefe estará disposto a dar uma oportunidade a alguém que o despreza.

Agora vamos analisar o principal motivo que leva as carreiras à estagnação: o baixo desempenho.

Ora, um desempenho abaixo da média não significa que você não esteja se esforçando no trabalho. Você pode estar dando o seu máximo. Só que a mentalidade de que o esforço conta mais do que o resultado funciona apenas na escola. Agora é a vida real.

O problema é que, na vida real, muitos que apresentam um desempenho abaixo da média não sabem disso. O motivo, como explicamos no Capítulo 9, é a falta de feedback. Os gestores ou estão ocupados demais, ou acreditam que as pessoas deveriam descobrir por conta própria como estão se saindo. Ou então são "gentis" demais para abordar a questão com franqueza (pelo menos é o que dizem).

Nada disso faz sentido. Na verdade, acreditamos que é cruel e injusto deixar os funcionários no escuro: eles merecem saber como estão se saindo em algo que fazem todo dia.

Se você se encontra estagnado numa companhia que vem crescendo, mas não está sendo bloqueado por nada nem ninguém, não está na área errada e não joga contra os seus chefes, pode pressupor que, aos olhos dos detentores do poder, você simplesmente não é bom o bastante para ser promovido.

Independentemente de quais sejam as especificidades da sua função, se tem algo que seus chefes querem ver em você para acreditarem que vai dar conta do recado é uma combinação de versatilidade e intensidade.

1. Não se contente em apresentar bons resultados

Faça a seguinte pergunta a si mesmo: você cumpre as expectativas do chefe? Atinge as suas metas? Cumpre as suas cotas?

Em caso positivo, desculpe, isso não basta.

Se você quiser demonstrar versatilidade e intensidade, a primeira mudança que deve fazer é não apenas cumprir as expectativas, mas superá-las. Tem que apresentar resultados além do esperado. Isso significa que, em cada tarefa, deve redefinir seus parâmetros para torná-la maior, mais empolgante, mais relevante, mais *tudo* para facilitar o trabalho do seu chefe.

Lembre-se: toda vez que seu chefe repassa um trabalho para você, ele já tem uma ideia do resultado. Portanto, imagina que você apenas confirmará o que ele pensa, oferecendo uma análise detalhada que torne o caso mais fácil de apresentar para os chefes dele.

Superar as expectativas significa pegar a ideia que seu chefe tem em mente e elevá-la a um novo patamar.

Dois alunos de pós-graduação brilhantes que conhecemos conseguiram um estágio numa empresa de recrutamento de executivos em Chicago. Depois de três meses de treinamento, pediram a eles que criassem uma lista de candidatos para uma vaga na empresa de um cliente.

O primeiro estagiário (vamos chamá-lo de Tom) vinha recebendo sinais contraditórios sobre o seu futuro. Até o momento, o trabalho dele obtivera notas entre 8 e 9. Ele sabia que isso era bom, mas não o suficiente para garantir um emprego ali.

A outra estagiária, Cindy, chegou à firma com um currículo excelente, pois tinha cursado uma das mais prestigiadas universidades dos Estados Unidos. Ela foi convidada para almoços com executivos do alto escalão, muitos dos quais ficaram encantados com a sua inteligência. Ainda assim, seus resultados eram medianos – nunca melhores do que um 7.

À medida que o prazo se aproximava, Tom mal conseguia dormir. Ele queria sair da casa dos pais e ansiava por ser efetivado. Então teve um estalo: o chefe ficaria *satisfeito* se ele entregasse a lista solicitada, mas ficaria *impressionado* com um panorama mais amplo e aprofundado do setor, especialmente se sugerisse onde poderiam ser encontrados novos negócios em potencial.

Então Tom começou a desenvolver esse panorama. Fez uma extensa pesquisa para chegar a uma lista de candidatos excepcionais, incluindo observações sobre a probabilidade de cada um deles estar interessado na vaga, com base na taxa de crescimento do cliente e outros fatores. Além disso, o relatório final também incluía os organogramas de seis empresas do mesmo setor, enfatizando aquelas que cresciam mais.

Enquanto isso, Cindy pesquisou alguns dos arquivos antigos da empresa, fuçou um pouco no LinkedIn e telefonou para um analista que conhecia da faculdade. Estava fazendo o básico.

Você já sabe como a história termina. Cindy está trabalhando em outra área e Tom foi contratado e é muito bem-sucedido, inclusive tem dois estagiários agora. Ele entendeu que estar à frente não significa entregar o dever de casa dentro do prazo, mas definir quais tarefas lhe darão crédito extra para, então, obter a nota máxima nelas.

2. Ofereça-se para fazer o trabalho duro

Superar as expectativas é algo que você deve buscar todos os dias, mas volta e meia surge a oportunidade de demonstrar versatilidade e intensidade: oferecer-se para assumir – e cumprir – uma missão difícil.

Uma tarefa complexa, de alta visibilidade, aquela que ninguém mais queira pegar. A iniciativa que parece agradar somente ao seu chefe. A *joint venture* que todos consideram fadada ao fracasso. A fábrica com sérios problemas de produção e que fica longe de tudo. O novo cliente importante conhecido pelas exigências absurdas e pelos prazos irreais.

Infelizmente, muitas pessoas que se encontram no purgatório profissional fogem desse tipo de oportunidade. "Por que acrescentar um fracasso retumbante à minha situação, que já é precária?", pensam.

Esse questionamento faz sentido, até você perceber as vantagens de obter sucesso numa tarefa que parece impossível. Ela tem o potencial de transformar seguidores em líderes, azarões em vencedores.

Há a chance de você acabar fracassando, é verdade. Mas isso não é o fim do mundo; na pior das hipóteses, poderá acrescentar uma linha a mais na parte de habilidades e experiências do seu currículo quando estiver procurando um novo emprego.

Por outro lado, se tudo der certo, o impacto será muito positivo. Você vai se perguntar por que esperou tanto tempo para fazer uma aposta tão alta e ambiciosa em si mesmo.

3. Conquiste seguidores do jeito mais difícil

Uma terceira mudança que pode acabar com o impasse na sua carreira é conquistar seguidores. Mostre à organização que as pessoas – colegas e chefes – ouvem o que você tem a dizer.

Se tiver abraçado a primeira mudança – superar as expectativas –, conquistar seguidores é algo que deve acontecer naturalmente. As pessoas querem ouvir o que dizem aqueles que mais contribuem para o crescimento da empresa.

Então comece a falar.

Ou melhor, *prepare-se* e comece a falar.

Você se lembra do chefe de RH de que falamos no Capítulo 3? Ele trabalhava numa fábrica de aparelhos de refrigeração que havia sido recém-adquirida por um fundo de *private equity*. Esse líder mudou o jogo ao descobrir que os processos de avaliação de desempenho não estavam alinhados o suficiente às operações e demonstrou essas descobertas com um gráfico que todos puderam compreender só de olhar para ele.

Insights desse tipo, capazes de melhorar empresas e impulsionar carreiras, não surgem da noite para o dia. O chefe de RH assumiu uma mentalidade competitiva motivado pela seguinte pergunta: "Por que esses projetos não são mais ágeis?" Em seguida, analisou os dados a fundo, em busca de uma ideia explosiva. E a encontrou. Suas sugestões não só o tornaram um herói na própria empresa como também o deixaram em evidência para os CEOs no portfólio de PE.

No entanto, os dados não são as únicas jazidas que você deve explorar para construir um arsenal de grandes insights. Você tem à sua disposição publicações de líderes no seu setor, pesquisas acadêmicas, podcasts, livros, palestras, blogs, cursos on-line. E nunca deixe de ler os jornais de negócios.

O mundo está inundado de ideias. Busque exemplos de inteligência superior, sintetize as ideias que colheu, expanda-as com o seu próprio raciocínio e análise e leve-as para as empresas.

E tenha opiniões – sobre tudo. Isso é muito importante. Ninguém quer ouvir um robô. Se uma grande fusão acabou de acontecer na área, conheça todas as partes envolvidas e forme uma opinião sobre se foi ou não uma boa ideia. Se um concorrente está trabalhando numa nova tecnologia, procure conhecer os detalhes e determine até que ponto isso representa uma ameaça. Acompanhe de perto os principais líderes do seu setor e siga-os na mídia. Com o tempo, você começará a ter uma noção das suas crenças sobre o futuro e quanto elas costumam estar certas ou erradas. Compartilhe os insights com a equipe.

Mas não esqueça: você não compartilha insights ou opiniões para mostrar quanto é inteligente, mas para contribuir para o sucesso da sua empresa.

Quando isso acontecer, todos prestarão atenção na sua voz. E logo também começarão a pensar que você merece ir mais longe.

4. Mantenha-se atualizado em relação à tecnologia

Essa mudança é provavelmente mais relevante para quem tem mais de 40 anos. Mais de 35, vá lá.

Na verdade, funciona para todos aqueles que deixaram o conhecimento tecnológico para a "garotada".

Grande erro. Não estar atualizado tecnologicamente é dar de mão beijada o lugar à mesa das questões organizacionais e estratégicas. É pedir para ficar estagnado.

Alguns anos atrás, entrevistamos várias agências de publicidade que pudessem representar o nosso programa de MBA. Logo percebemos que todas as reuniões incluíam discussões sobre algumas siglas técnicas, como CPM (custo por mil impressões ou visualizações), CPC (custo por clique) e CVR (taxa de conversão). Quando comentamos a respeito, um dos poucos participantes grisalhos abriu um sorriso irônico. "Os *geeks* dominaram o mundo", disse ele.

E dominaram mesmo. Embora a publicidade ainda tenha momentos de inspiração artística, o setor é cada vez mais orientado pela ciência e pela análise de dados na forma de pesquisas, otimização da taxa de conversão e modelos de atribuição, entre outras técnicas. As implicações para aqueles que começaram a trabalhar no setor há 10 ou 20 anos são esmagadoras. Você só conseguirá chegar mais longe na publicidade se souber acompanhar a onda implacável de inovações tecnológicas.

Isso vale para praticamente todas as áreas. Você precisa aprender o que não sabe, mesmo que isso seja assustador. Caso contrário, sua cadeira vai acabar parando no meio do corredor e, em pouco tempo, você poderá estar na rua.

A história de uma executiva que conhecemos há décadas serve muito bem de exemplo. Vamos chamá-la de Linda. Em 2011, na casa dos 50 anos, ela comandava o RH de uma fábrica de 500 milhões de dólares que contava com uma equipe de cerca de 200 representantes para vender produtos em todo o país. Linda adorava o trabalho que executava, os gerentes eram incríveis e, ao contrário do que vira em outros empregos, sentia que o CEO dava valor às contribuições do RH para decisões importantes.

Mas algo a preocupava. As reuniões da alta gerência começaram a se voltar para informações obtidas a partir do novo sistema de CRM adotado pela companhia. Linda tinha uma noção geral dos benefícios do sistema, mas percebia que os colegas conheciam muito melhor suas nuances. Com o tempo, percebeu que eles estavam a par do desempenho de cada um dos representantes, mas ela simplesmente não conseguia acompanhar.

Um belo dia, a falta de familiaridade de Linda com o sistema cobrou o seu preço. Quando analisaram os dados de um relatório de CRM recente, os colegas começaram a discutir se o chefe de vendas da região nordeste deveria ser transferido ou, talvez, até dispensado.

Para Linda, que se baseava em anos de avaliações de desempenho tradicionais, aquele gerente era ótimo, além de ser querido pela equipe e pelos clientes. Os dados, entretanto, mostravam que nem ele nem a equipe descobriam novas oportunidades de negócios havia muito tempo. Além disso, a região toda era a menos bem-sucedida na aplicação da nova estratégia de produto da empresa.

Linda saiu da reunião em pânico. Por um lado, sentia-se aliviada por ninguém ter pedido sua opinião sobre o assunto. Os "dados" que ela tinha estavam obviamente obsoletos. Por outro, o fato de sua opinião não ter sido solicitada era um mau presságio.

Na manhã seguinte, Linda procurou o chefe de marketing e lhe pediu que fizesse um tutorial de dois dias sobre o novo sistema de CRM – um dentro da própria empresa e outro nas instalações do fornecedor do sistema. Também pediu que ele lhe explicasse um relatório de CRM recente – aquele que fora discutido na reunião sobre o gerente da região nordeste –, destacando quais tendências estavam mais alinhadas às metas estratégicas da empresa. A sessão durou quatro longas horas, durante as quais Linda perguntou o significado de praticamente cada número em cada página.

"Eu queria me tornar fluente no sistema", contou Linda. "*Precisava* disso. Estava quase perdendo minha importância na empresa, deixando de ser levada em consideração."

É preciso acordar todos os dias se perguntando o que você não sabe sobre a tecnologia e como isso *pode ser a sua ruína*. Linda poderia ter se acomodado no seu feudo no RH, mas isso equivale a acenar uma bandeira branca no mundo dos negócios atual.

Faça como ela e reconquiste o seu lugar convencendo-se de que o conhecimento tecnológico não é mais opcional.

5. Entenda a importância de ter mentores

Muitas vezes ampliar conhecimentos, em tecnologia ou em qualquer outra área, exige mais do que curiosidade e determinação. Na verdade, às vezes é preciso voltar a estudar, para fazer uma pós-graduação, obter uma certificação ou participar de um seminário. Somos grandes incentivadores do aprimoramento contínuo, especialmente se você puder conciliar os estudos com o trabalho. Nos dias de hoje, ninguém pode se dar ao luxo de interromper o ímpeto da trajetória profissional.

No entanto, se isso não for possível (e até se for), ainda há uma quinta mudança que gostaríamos de sugerir para impulsionar a sua carreira: considere todas as pessoas ao seu redor mentores em potencial.

Lá está ela. A palavra que começa com M. Quase hesitamos em usá-la.

Ter um mentor está na moda. Pais, tios, especialistas em coaching e liderança, todos dizem o mesmo: encontre uma pessoa importante na empresa, estabeleça um laço com ela, então aproveite os seus conselhos e a sua proteção enquanto é elevado às alturas.

O problema é que mentores desse tipo, que vêm salvar você de apuros como um cavaleiro em uma armadura reluzente, são raros. Eles surgem quando (e somente quando) um jovem profissional extraordinariamente promissor aparece em cena e quando a "química" entre eles é perfeita.

Larry Summers, por exemplo, foi um importante mentor para Sheryl Sandberg quando ela estava no início da carreira. Eles se conheceram quando ele foi professor de Sheryl em Harvard, onde ela era uma aluna brilhante, para dizer o mínimo. Mais tarde, ele a chamou para trabalhar no Banco Mundial e, logo em seguida, no Departamento do Tesouro. Como todos sabem, Sheryl, detentora de inteligência e sagacidade fora de série, contribuiu quase tanto para o sucesso de Larry quanto ele contribuiu para o dela.

Então, sim, o tipo de relacionamento mentor-aprendiz que os seus pais sonham para você pode acontecer. Mas é raro, muito raro.

É por isso que aconselhamos que você, independentemente da sua posição profissional, trate como um mentor *todas* as pessoas à sua volta, sejam elas jovens ou velhas, tenham elas mais ou menos idade que você, façam parte da sua área específica ou não.

Observe quais são as melhores práticas desse círculo de mentores. Se alguém for um excelente palestrante, analise o que ele está fazendo de correto e incorpore as estratégias nas suas próprias apresentações. Se outro gerente sempre consegue contratar ótimos novos funcionários, copie as técnicas dele. Se um colega ou superior conduz reuniões de forma excelente, considere esse indivíduo um professor e um guia.

Todo mundo sabe algo que você não sabe. Todo mundo.

Descubra o que é e se apodere desse conhecimento para desempenhar a sua função de forma melhor e mais inteligente. Chegue todos os dias ao trabalho decidido a encontrar a maneira ideal de fazer o que faz – desde as tarefas triviais até as importantes. E, com o tempo, você chegará muito mais longe por causa disso.

E sua carreira também.

6. Ame todas as pessoas

Esta última estratégia para acabar com a inércia é a mais difícil.

Amar todas as pessoas é bem diferente de buscar mentores. Ver todo mundo como mentor é se relacionar com uma comunidade de colegas no esforço de absorver suas melhores capacidades mentais.

Amar tem a ver com coração.

Segundo os antropólogos, os seres humanos vêm se separando em tribos desde o início dos tempos. Sempre buscamos aliados e eliminamos adversários para proteger os nossos interesses. Participamos das fofocas para saber o que está acontecendo de verdade. Ou seja, faz parte da natureza humana fofocar, criticar, espalhar boatos, vender informações, formar bandos e estabelecer alianças, bem como qualquer outra maquinação do gênero.

E daí?

Simplesmente não faça isso.

Sabemos como é muito difícil. Somos culpados de quase todas as acusações anteriores. Já fizemos fofocas, críticas, intrigas. Mas isso nunca nos ajudou nem nunca ajudará ninguém.

Então, aí está uma nova abordagem, que funciona de verdade. Recuse-se a falar sobre outras pessoas a não ser que tenha algo positivo a dizer. Não faça parte de panelinhas. Jamais cometa traições nem entre em joguinhos políticos.

A princípio, algumas pessoas talvez fiquem perplexas ao ver que você não quer participar dessas conspirações. Mas, com o passar do tempo, começarão a enxergar você pelo que é: uma pessoa confiável, cujo principal interesse é fazer o que deve ser feito, e não manipular o ambiente de trabalho.

Uma pessoa que demonstra integridade e liderança.

Qualidades que atraem mais chances de você ser promovido.

A estagnação profissional deve ser evitada a qualquer custo.

Nosso objetivo com este capítulo é descrever como *sair* desse purgatório com seis atitudes que o ajudarão a demonstrar maior versatilidade e intensidade. Aplique todas elas ou escolha as que tem mais chance de realizar. E mãos à obra.

Sair da inércia é transformador. Faz você lembrar por que entrou para o mundo dos negócios, para início de conversa. Para crescer. Para fazer a diferença. Para viver uma vida extraordinária. Para se divertir.

Nada disso é possível quando você não se mexe. Então, não apenas apresente resultados satisfatórios e fique torcendo pelo melhor. Supere as expectativas. Ofereça-se para fazer tarefas difíceis. Na pior das hipóteses, você ganhará experiência; na melhor, ganhará uma nova reputação. Conquiste seguidores com insights sagazes e opiniões firmes; seja ouvido. Não deixe o conhecimento tecnológico nas mãos dos mais novos – abrace-o. Considere todos ao redor mentores. E, finalmente, por mais difícil que seja, troque os jogos políticos e as fofocas por gentileza e incentivo.

Quando você oferece amor, ele tende a voltar para você.

13

SÓ ACABA QUANDO TERMINA

Queremos concluir este livro com um capítulo sobre recomeços.

A verdade é que poucas carreiras transcorrem exatamente como o planejado. Quase ninguém alcança o topo sem nunca encontrar pelo menos um obstáculo pelo caminho – e geralmente mais do que um. Em outras palavras, a maioria das pessoas precisa trocar de emprego em algum momento – uma, duas e talvez várias vezes ao longo de 40 ou 50 anos de trabalho. Às vezes, isso acontece por vontade própria; outras, não.

Cada um desses finais nos leva de volta ao início.

Isso é ótimo.

Sim, é sério. Começar de novo é uma chance de nos reinventarmos, de colocar uma tela em branco no cavalete e pintar uma nova obra-prima. Existe algo mais empolgante do que isso? Mesmo quando não fomos nós que escolhemos as circunstâncias, reinventar-se é uma oportunidade de crescer e criar uma vida mais gratificante e rica. Ver o final de qualquer outra maneira – com medo, pavor ou repulsa, por exemplo – pode ser humano, mas o pensamento negativo é sempre um convite ao fracasso. Ele nos corrói por dentro.

Pouco tempo atrás, demos uma palestra na Cornell University para um grupo de jovens mulheres que cursavam administração de empresas. O tema da palestra era "O que eu gostaria que tivessem me dito aos 21 anos". O primeiro item era "Não se renda".

Isso mesmo: *não se renda*. É claro que um dia você pode pisar na bola. Um projeto seu pode dar errado. Você pode contratar um pateta que acaba com o moral da equipe. Pode se aposentar e acordar um belo dia se sentindo perdido, cansado e entediado. Não importa. As coisas só acabam quando você se convence disso.

Então nunca permita que isso aconteça. Cada final é apenas uma oportunidade de começar de novo com mais sabedoria, mais experiência e mais coragem para enfrentar o próximo ato.

A mensagem "Não se renda" foi um tanto chocante para a plateia reunida na Cornell. Para aquelas pessoas (e às vezes para nós também), o mundo pode parecer uma grande máquina de rejeição, sempre pronta para excluir você de tudo.

Não existe máquina nenhuma. O que existe é algo chamado vida. E ela só acaba quando termina – quando termina *de verdade*.

Até lá, quando se vir diante de um final, você tem quatro alternativas: acovardar-se, entrar em pânico, não fazer nada ou dar-lhe outro sentido.

Um convite para a renovação.

A VOLTA POR CIMA

Esse convite costuma se apresentar na forma de três situações profissionais. Vamos começar pela pior de todas: ser dispensado do trabalho.

Está bem, "ser dispensado" é um eufemismo. Na sua cabeça, mesmo que não tenha coragem de falar em voz alta, você foi demitido. E, ainda que ser demitido seja muito comum hoje, essa é uma das experiências mais dolorosas que você vai ter, cheia de tristeza, constrangimento e revolta.

Uma demissão pode nos deixar paralisados. "Não tenho para onde ir", pensamos. "Acabou para mim."

Veja a história de Graham.

Durante quase 15 anos, Graham foi um executivo de relações públicas sênior numa empresa de *branding* e comunicação. Em uma bela manhã de 2010 ele passou a não ser mais.

"Estou chocado", repetia ele quando nos contou sobre a demissão. "Como isso pôde acontecer comigo?"

Na verdade, a resposta era muito simples. Graham não apresentava um desempenho abaixo da média (na verdade, ele estava entre os 40% dos profissionais mais eficazes da empresa), mas seu salário era um grande e polpudo problema. Como ele trabalhava havia muito tempo na empresa, devia ganhar 35% a mais do que um bom substituto ganharia, e esse provavelmente teria uma abordagem mais agressiva que geraria novos negócios. Quando a crise estourou, Graham se tornou o alvo ideal.

Mesmo assim, ele foi pego de surpresa. E tanto a sua reação quanto o seu espanto foram naturais. "Nunca mais vou sair de casa", disse ele, meio brincando, meio sério. "Todo mundo na cidade sabe que eu fui demitido."

É perfeitamente normal ficar atordoado por algum tempo. Esperneie, chore, exploda de raiva – não há problema nenhum. Só que, depois, é preciso reunir a coragem e a perseverança necessárias para acabar com a autopiedade. E faça isso quanto antes. Pois, como uma senhora que conhecemos disse, "o problema do show de autopiedade é que a plateia vai embora e você fica sozinho no palco".

Sem dúvida, você pode superar uma demissão de várias maneiras para então seguir em frente e se reinventar: buscar aconselhamento, conversar com amigos e familiares, fazer exercícios, meditar, etc. No entanto, você apenas conseguirá superar de verdade uma demissão quando aceitá-la.

Isso mesmo, aceite o fato. Você precisa entender por que foi demitido e aceitar sua parcela de responsabilidade nisso. Lembra quando falamos, no Capítulo 2, sobre o poder de aceitar uma rasteira da concorrência? O mesmo se aplica aqui, só que, desta vez, no âmbito pessoal.

É natural querer culpar alguém ou algo pela situação. Um chefe incompetente. Um colega ardiloso. A recessão econômica. Mas essa busca por culpados, assim como o pensamento negativo, não levará você a lugar nenhum. Essa mentalidade impede que você veja a demissão como uma oportunidade de aprendizado e um trampolim para uma fase nova e melhorada.

Então faça isso. Crie uma frase para definir essa aceitação: "Fui demitido porque não cumpri prazos e meu chefe perdeu a confiança em mim." Ou: "Fui demitido porque nunca acreditei de verdade no produto e deixei que isso transparecesse nas minhas atitudes." Ou: "Cumpri todas as minhas metas, mas nunca me senti muito à vontade para compartilhar minhas ideias com o grupo."

Mesmo que você não tenha sido o único culpado pela sua saída da empresa, aceite a parte que lhe compete.

E foi exatamente isso que Graham fez depois de um tempo. "A crise econômica afetou todo o meu setor, e não ficamos imunes. Mas achei que meu tempo de serviço me protegeria. E fiquei cego. Devia ter pensado na companhia como um todo, como se fosse o CEO", disse ele. "A verdade é que meu tempo de serviço me tornou o alvo ideal para o corte de custos, pois eu não conseguia gerar a quantidade de novos negócios de que precisávamos. Não estava fazendo por merecer o meu salário."

Aceitar o fim é tão revigorante quanto um balde de água fria.

E também é fortalecedor, pois o incentiva a corrigir os erros enquanto segue em frente. Pode ajudá-lo a se tornar mais sagaz, a se conhecer melhor e a se aprimorar de forma geral.

A apatia pode ter sido um dos pontos fracos de Graham no passado, mas, se o conhecesse agora, você jamais perceberia isso. Depois que o sentimento derrotista expirou, ele abriu a própria empresa e hoje busca clientes com "fome de leão". Faturou 1,5 milhão de dólares já no primeiro ano e acaba de expandir o negócio para outra cidade.

Isso nunca teria acontecido se ele não tivesse redefinido a sua demissão, transformando-a num novo capítulo escrito por ele mesmo.

TROCANDO DE UNIFORME

A segunda situação profissional que nos convida à reinvenção ocorre quando mudamos de empresa.

Você deve estar se perguntando por que deveria se reinventar nesse caso. Se foi contratado para um novo emprego, com certeza é porque está fazendo tudo certo. E, se foi mantido durante uma fusão ou aquisição, deve estar indo bem.

Os dois argumentos são a mais pura verdade. Mas começar a trabalhar numa nova empresa é como ir morar em outro país. Você pode até saber cantar o hino nacional assim que o avião aterrissar em solo estrangeiro, mas ainda tem muito a aprender antes de poder se considerar nativo: uma nova língua, novos costumes, novas pessoas, novas práticas e novos processos. Mudanças sutis na cultura que você ainda não consegue enxergar.

Então faça um favor a si mesmo: abandone a ideia de que pode pensar e agir como sempre fez. E cogite a possibilidade – ou, melhor, *abrace-a* – de que pode aprender e crescer se você se permitir baixar a guarda e estar aberto às mudanças.

Não estamos sugerindo que você abra mão da sua autenticidade, dos seus valores pessoais ou do conhecimento valioso que acumulou ao longo dos anos. Isso não faria o menor sentido. Em vez disso, aconselhamos que aceite sua "cidadania" na nova empresa como uma oportunidade de incrementar e expandir seu repertório de habilidades, experimentar novos comportamentos e questionar as próprias ideias sobre como o trabalho deve ser feito.

Veja o caso de um executivo que conhecemos durante um seminário sobre liderança. O homem dedicara quase toda a sua vida profissional a uma vinícola familiar na Califórnia. Ele era o chefe de vendas e comandava uma equipe de 100 representantes quando a empresa foi adquirida por um conglomerado europeu.

Por um lado, a aquisição foi uma ótima notícia para o executivo, pois o novo proprietário prometia investir uma quantidade significativa de novos recursos no marketing. Por outro, o dono trouxe uma equipe de gerentes europeus que, na avaliação do executivo, eram bastante rigorosos e antipáticos. Eles acabaram com o hábito de bater papo antes das reuniões, diminuíram o refeitório – que os funcionários adoravam – e exigiram uma abordagem fria e impessoal em relação ao atendimento ao cliente.

Diante dessa situação, o executivo decidiu se reinventar em vez de entregar os pontos. Ele era apaixonado pelo vale de Napa, acreditava no produto que vendia e pressentia que o novo proprietário tinha muito potencial de criar um grande futuro tanto para ele mesmo quanto para a empresa.

Então ele deixou de lado a postura "Não é assim que trabalhamos" e decidiu aprender o porquê das novas práticas. Começou a fazer perguntas do tipo "Poderia me ajudar a entender o raciocínio por trás da sua previsão?" ou "Poderia me explicar como chegou a essas conclusões? São informações novas e muito empolgantes para mim". Em outras palavras, o executivo sinalizou que estava disposto a participar do programa, investir energia e demonstrar que estava aberto a novas ideias.

Essa é uma reação vencedora diante de uma situação. É claro que seus métodos e trunfos antigos também poderiam ter funcionado. Mas eles pertencem ao passado agora.

Construa sobre esses alicerces. Saiba que o seu novo trabalho exige um novo você – aberto a mudanças, de dentro para fora.

DEPOIS DA FESTA DE DESPEDIDA

E agora, a aposentadoria.

Para a maioria das pessoas, a aposentadoria é o extremo oposto da experiência de ser demitido – é uma despedida em que as lágrimas são de alegria.

Chega de rotina. Chega de reuniões. Chega de prazos. Chega de exigências de produtividade. Chega da monotonia das chamadas de vendas. Chega de atrasos em voos.

Você finalmente é dono do seu tempo.

Às vezes, a aposentadoria traz uma espécie de alívio intelectual. Pode chegar uma hora em que você já não tem mais novas ideias e sente que não acrescentará mais nada ao negócio. Talvez tenha passado da idade normal de se aposentar e, ao olhar em volta, percebe que se tornou um bloqueio, um entrave para os funcionários mais jovens que estão apenas esperando você sair para subir na carreira. Você tem uma responsabilidade para com essas pessoas, e sabe disso.

Então, vá em paz.

Mas não se aposente.

Reinvente-se.

Diga adeus – e então diga olá. Para algo novo. Algo significativo. Algo grande.

Se você nunca trabalhou na sua Área de Destino, a aposentadoria é o momento perfeito para começar. Volte a estudar, aprenda tudo que sempre sentiu vontade de saber. Encontre uma nova atividade e viva a vida que sempre quis.

Abra um novo negócio, como o nosso amigo Graham. Pode ser na área que já conhece ou num setor totalmente diferente. Compre uma franquia. Torne-se sócio de uma startup que precise de alguém com seu conhecimento. Seja voluntário em prol de uma causa que acelere o seu coração.

Só não pare de crescer.

Jogue golfe. Cuide do jardim. Viaje pelo país ou pelo mundo. Escreva um livro. Faça o que sempre sonhou. Apenas evite a inércia como se ela fosse uma praga. É a inércia que faz tantos aposentados ficarem sentados no mesmo lugar, remoendo uma nostalgia por uma época que nunca existiu.

Isso não é bom para ninguém. Deixe o passado para trás.

Canalize a sua energia para outro lugar totalmente diferente. A aposentadoria praticamente implora que você se prenda ao passado. A reinvenção incentiva você a viver no presente e para o futuro.

Tecnicamente, nós nos aposentamos em 2001. Descobrimos à nossa frente um território pedindo para ser explorado. E foi o que fizemos, especialmente quando lançamos o nosso programa de MBA on-line. Viramos empreendedores! Esse é o espírito da reinvenção. Fazer algo que nunca fez, ir para lugares em que nunca esteve.

Obviamente, não estamos sozinhos nesse tipo de reinvenção pós-aposentadoria. Conhecemos diversas histórias de pessoas que tiveram "segundas carreiras" altamente gratificantes. Cal Ripken Jr., por exemplo, o gigante do beisebol que se aposentou em 2001 depois de 21 temporadas com os Baltimore Orioles, lançou um negócio que aliava dois complexos esportivos voltados para a juventude, palestras e programas de TV. Também é dono de dois times da segunda divisão. A impressão é que, para Cal Jr., que já era uma lenda quando se aposentou aos 40 anos, uma nova história está apenas começando.

Reinvenções desse tipo não são privilégio de CEOs e astros do esporte. Recentemente conhecemos um empresário do setor de seguros que vendeu sua organização, se aposentou e voltou a estudar para ser fisioterapeuta. Ele agora trabalha num hospital de Nova York e está mais feliz do que nunca.

O mesmo aconteceu com um policial aposentado que iniciou uma carreira de sucesso como representante no setor de construção, supervisionando projetos complexos. Um patologista botânico aposentado que agora tem uma fazenda de café em Honduras. Um executivo do setor médico aposentado que foi estudar teologia. Um diretor de TI aposentado que se tornou músico de jazz.

Exemplos não faltam. O que queremos dizer é o seguinte: quando uma carreira acaba, a vida continua.

Ou seja, uma vida nova pode começar.

Ok, precisamos admitir que algumas coisas realmente têm fim.

Este capítulo sobre reinvenção, por exemplo.

E o livro também.

Ao discutirmos todos esses temas até aqui, nosso objetivo foi tornar *O MBA da vida real* o seu maior parceiro neste que é o maior jogo do mundo: os negócios.

Já de início, dissemos que ninguém deve fazer negócios sozinho, pois são o maior esporte de equipe que existe. Por isso agradecemos mais uma vez por você ter nos chamado para a sua equipe.

Apresentamos praticamente tudo que sabemos sobre concorrência e estratégia, globalização e crescimento, finanças e marketing. Compartilhamos as nossas melhores ideias sobre como liderar tendo como guias a busca pela verdade e a criação de confiança; como montar uma equipe campeã; e como administrar gênios, desgarrados e ladrões. Por fim, mergulhamos fundo na sua carreira, com o intuito de ajudá-lo a descobrir quais rumos tomar, como avançar e como garantir que nunca chegue ao fim.

Porque o trabalho é espetacular. O trabalho é vida. É o que nós fazemos.

A cada dia, melhor.

Agradecimentos

Neste livro, defendemos que os negócios são um esporte de equipe. Bem, publicar um livro não é diferente. Por sorte, tivemos o privilégio de entrar em campo na última década com um grupo de pessoas extraordinárias. Inteligentes, sagazes, arrojadas, generosas e criativas. Pessoas com muito a oferecer. Pelas muitas maneiras como vocês nos ajudaram a forjar os conceitos e as práticas presentes neste livro, aceitem o nosso amor e a nossa gratidão.

Em primeiro lugar, os líderes e empreendedores de pequenos e grandes negócios cujas histórias e insights preencheram as páginas que você acabou de ler: David Calhoun, Erik Fyrwald, Joe DeAngelo, Michael Petras, Dennis Gipson, Scott Mannis, Vindi Banga, Paul Pressler, Bunny Williams, Joey Levin, Michael Zeliff, Susan Jacobson e Griff Long. Temos certeza de que a inteligência fulgurante e as experiências deles serão de grande ajuda para nossos companheiros de viagem nesta longa, tortuosa e por vezes acidentada estrada para o sucesso profissional. Também agradecemos imensamente àqueles que colaboraram com depoimentos e, por motivos mais do que compreensíveis, pediram que seus nomes verdadeiros fossem omitidos.

Ao longo de mais de uma década, também nos cercamos de pessoas que simplesmente nos tornaram mais inteligentes – muito, muito mais inteligentes – por meio de palavras e atitudes. Don Gogel, da Clayton Dubilier & Rice, nos ensinou muito sobre as dinâmicas e as estratégias de fechamento de negócios do setor de *private equity*, demonstrando ao mesmo tempo uma sensibilidade incrível para a complexa arte de administrar uma parceria. Barry Diller, fundador e CEO da IAC, tem sido um excelente parceiro de negócios, cuja mente incisiva, energia e coragem competitiva nos ensinaram muito sobre empreendedorismo e o ambiente on-line. Bill Conaty, coautor de *The Talent Masters: Why Smart Leaders Put People before Numbers* (Os mestres do talento: por que líderes inteligentes preferem as pessoas aos números), foi chefe de RH na GE durante duas décadas e um amigo próximo e parceiro de negócios desde então. O conhecimento profundo sobre gerenciamento de pessoas, que ele dividiu conosco em inúmeras conversas, influenciou em muito nosso pensamento e, consequentemente, diversos trechos de *O MBA da vida real.*

Muitas histórias e ideias vieram de conversas extremamente produtivas com o corpo docente, a administração e os alunos do Jack Welch Management Institute na Strayer University. Somos gratos à nossa reitora, a Dra. Andrea Backman, e ao nosso CEO, Dean Sippel, por transformar o JWMI na instituição vibrante que é hoje, bem como ao presidente do conselho executivo Rob Silberman e seu CEO, Karl McDonnel, pelo apoio inabalável durante esse processo.

A primeira vez que ouvimos a expressão "Área de Destino" foi quando Terry E. Smith, pastor da Life Christian Church em Nova Jersey e autor de *10: How Would You Rate Your Life?* (10: Como você classificaria a sua vida?), apresentou um sermão numa manhã de domingo. Obrigado, Terry, pela gentileza de permitir que pegássemos emprestado e adaptássemos o conceito para um contexto empresarial.

E não podemos esquecer de Hollis Heimbouch, da HarperBusiness, nossa *extraordinária* editora. Hollis conduziu este livro desde um punhado de anotações no verso de um guardanapo de papel até a sua forma final, e o fez com graça, humor e virtuosismo editorial. Ela é a melhor do ramo. E, já que estamos falando de prodígios, Bob Barnett, da Williams & Connolly, foi fundamental para o lançamento deste livro e somos (mais uma vez) gratos por isso.

Outra pessoa que contribuiu para aprimorar este livro de forma magistral foi Megan Slatoff-Bruke, a diretora de marketing do JWMI, cuja inteligência afiada tornou o projeto muito melhor.

Toda e qualquer equipe precisa de uma torcida para apoiá-la, e somos abençoados por termos uma torcida excelente na forma de nossa maravilhosa família. Obrigado a todos por nos amarem durante as crises de lamentações, resmungos e queixas, e por comemorarem conosco quando o resultado ficou pronto.

Por fim, este livro não teria sido possível sem a paciência e o auxílio indispensável de Rosanne Badowski. Rosanne se juntou à equipe Welch (como assistente de Jack) em 1988. Isso mesmo, 1988. E, sim, ela continua se encarregando de que tudo funcione. Obrigado, Rosie Ro. Prometemos que não haverá mais livros.

Pelo menos por enquanto.

CONHEÇA OS CLÁSSICOS DA EDITORA SEXTANTE

1.000 lugares para conhecer antes de morrer, de Patricia Schultz

A História – A Bíblia contada como uma só história do começo ao fim, de The Zondervan Corporation

A última grande lição, de Mitch Albom

As 25 leis bíblicas do sucesso, de William Douglas e Rubens Teixeira

Conversando com os espíritos e *Espíritos entre nós*, de James Van Praagh

Desvendando os segredos da linguagem corporal e *Por que os homens fazem sexo e as mulheres fazem amor?*, de Allan e Barbara Pease

Enquanto o amor não vem, de Iyanla Vanzant

Faça o que tem de ser feito, de Bob Nelson

Fora de série – Outliers, de Malcolm Gladwell

Jesus, o maior psicólogo que já existiu, de Mark W. Baker

Mantenha o seu cérebro vivo, de Laurence Katz e Manning Rubin

Mil dias em Veneza, de Marlena de Blasi

Muitas vidas, muitos mestres, de Brian Weiss

Não tenha medo de ser chefe, de Bruce Tulgan

Nunca desista de seus sonhos e *Pais brilhantes, professores fascinantes*, de Augusto Cury

O monge e o executivo, de James C. Hunter

O poder do Agora, de Eckhart Tolle

O que toda mulher inteligente deve saber, de Steven Carter e Julia Sokol

Os segredos da mente milionária, de T. Harv Eker

Salomão, o homem mais rico que já existiu, de Steven K. Scott

Transformando suor em ouro, de Bernardinho

INFORMAÇÕES SOBRE A SEXTANTE

Para saber mais sobre os títulos e autores
da EDITORA SEXTANTE,
visite o site www.sextante.com.br
e curta as nossas redes sociais.
Além de informações sobre os próximos lançamentos,
você terá acesso a conteúdos exclusivos
e poderá participar de promoções e sorteios.

www.sextante.com.br

facebook.com/esextante

twitter.com/sextante

instagram.com/editorasextante

skoob.com.br/sextante

Se quiser receber informações por e-mail,
basta se cadastrar diretamente no nosso site
ou enviar uma mensagem para
atendimento@sextante.com.br

Editora Sextante
Rua Voluntários da Pátria, 45 / 1.404 – Botafogo
Rio de Janeiro – RJ – 22270-000 – Brasil
Telefone: (21) 2538-4100 – Fax: (21) 2286-9244
E-mail: atendimento@sextante.com.br